KB133762

판사 위의 담장

담장 위의 판사

ⓒ 이준희, 2020, 대한민국

2020년 10월 20일 1판 1쇄 펴냄

지은이 이준희

펴낸이 권기호

펴낸곳 공존

출판 등록 2006년 11월 27일(제313-2006-249호)

주소 (04157)서울시 마포구 마포대로 63-8 삼창빌딩 1403호

전화 02-702-7025, 팩스 02-702-7035

이메일 info@gongjon.com, 홈페이지 www.gongjon.com

ISBN 979-11-963014-4-6 03360

판사 위의 담장

법과 인간 사이에서 흔들리는 마음

이준희

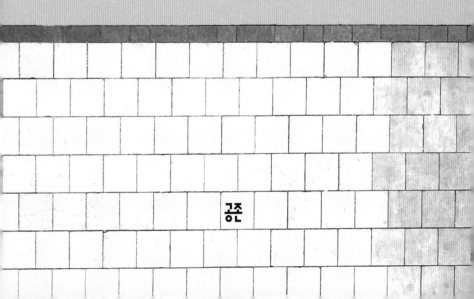

공존

법은 어여쁜 새라서 매혹적인 날개를 지니고 있다.

무시무시한 부리만 없다면 천국의 새나 다름없다.

더글러스 제럴드

머리말

　　판사를 십오 년 넘게 하고, 변호사를 해온 지 몇 년이
되었다. 판사는 끊임없이 결단을 내리는 직업이다. 마치 낮은 담
위에 앉아 이리로 뛰어내리는 것이 정답일까, 저리로 뛰어내리
는 것이 옳을까를 고민하는 모습처럼. 수많은 결정과 결단에, 재
판 당사자들이 때론 환호하고, 때론 탄식하게 된다. 판사를 하던
때의 생각과 변호사를 하면서 느낀 소감을 적었지만, 사건마다
특별한 한 개인의 인생 가운데 일부분이 담겨 있어 가급적 개인
정보가 드러나지 않게 썼는데도 여전히 조심스럽다. 다분히 나
의 개인적인 생각이 주를 이루고 있으므로, 모든 판사, 모든 변
호사를 대변하는 글은 당연히 아님을 전제하고 읽어주기를 바

라는 마음이다. 또 생각의 민낯이 보일 수밖에 없어 부끄럽기도 하다. 법정의 소소한 풍경(風景)을 그려본 것이지만, 어느 구절에든 읽는 사람의 마음에 울리는 풍경(風磬) 소리가 있기를 기대해 본다.

차례

I

법의 인간 인지 감수성

—◦◦◦◦◦—

인간의 법이 자연의 법을 억압하는 곳에는

천벌이 내리는 법이니!

바이런

담장 위의 판사

원고의 주장이 말도 안 되는 사건이 있다. 피고를 대리하는 변호사의 입장에서는 식은 죽 먹기인 사건이다. 그런데 막상 변론이 진행되면 예상과 달리 흘러가는 경우가 있다. 원고가 입증해야 할 부분들을 재판장이 자꾸 피고 쪽에 입증을 구한다. 그건 원고가 입증해야 할 사안이 아니냐고 피고는 반문하지만, 끝까지 따지고 들 수는 없다.

입증 책임이 없는 피고 쪽에서 울며 겨자 먹기로 아님을 입증해야 하는 사태가 벌어진다. 사건이 죽에서 겨자로 변한다. 겨우 어찌어찌 해서 원고 패소로 1심 판결이 난다. 그런데 항소심에서도 재판장이 피고 측에 뭔가를 더 요구한다. 피고 쪽에서 볼 때는, 원고가 이미 낼 것을 다 냈고 원고가 패소한 사건인데 재판장이 피고 쪽에 뭔가를 자꾸 요구한다.

이처럼 사안이 처음 예상한 것과 달리 흘러가는 경우가 있다. 한 차례 음주운전으로 피고인이 이미 벌금형을 받은 사건이 있다. 또다시 음주운전을 했다. 예전 같으면 으레 집행유예 판결이 나왔겠지만(물론 사고가 나지 않았다는 것을 전제로 한다.) 요즘에는 윤창호법이 시행되어 종래의 삼진아웃이 원아웃제로 흘러가고 있어서 검찰에서도 징역형을 구형한다. 피고인도, 변호인도 사안을 만만하게 생각할 수 없다. 판사에 따라서는 실제로 징역형을 선고하는 경우가 있다. 예전에는 좀 봐주던 범죄가 지금은 한 번에 돈도, 직장도, 명예도 다 잃는 범죄가 될 수 있다.

사력을 다한다고 하면 좀 어폐가 있겠지만, 피고인은 사안을 소홀히 하거나 방심할 수 없다. 양형 요소에 반영될 수 있는 것들을 최대한 끌어모아 읍소하지 않을 수 없다. 간신히 집행유예 판결을 받을 수도 있지만, 당연히 집행유예 판결이 나오겠지 하면서 마음 놓고 대응했다가는 법정에서 피고인이 구속되는 아찔한 경우가 생길 수도 있다.

한편, 변호사의 입장에서 볼 때 도저히 이기기 어렵겠다고 생각되는 사건도 있다. 판사를 해본 입장에서 따져봐도 유죄가 나올 확률이 더 높은 사건인데 무죄가 되는 경우가 있고, 또 반대인 경우도 있다. 이렇다 보니, 기본적으로는 어느 하나 만만한 사건이 없다. 상담이나 미팅 과정에서 당사자에게 흔히 하는 말이 있다. "변호사가 하는 게 50퍼센트이고, 판사가 하는 게 50퍼센트입니다.", "판사를 잘 만나야 하고, 그것도 복불복입니다." 아무리 변호사가 열심히 해도, 판사가 해당 사건에 대해 의뢰인의 입장과 반대되는 확고한 선입견이나 신념을 지니고 있으면 기대하는 결과를 얻을 수 없다.

만약 형사1심 단독판사가 음주운전 2회째는 무조건 실형을 선고하는 게 맞다라는 신념을 가지고 있으면, 아무리 변호사가 열심히 해도 실형을 피하기 어렵다. 그런 신념 자체가 판사의 양형 기준 안에 있으면 그걸 틀리다고 할 수 없기 때문이다. 물론 어느 판사가 판결해도 어느 변호사가 변론해도 이미 결과가 정해진 사건도 있다. 그런 사건은 굳이 변호사를 선임할 필요가 없다. 하지만 간발의 차이로 결과가 바뀌는 사안이 많기도 하다. 간발이란 한 발자국이 아니라 머리카락 하나 차이다. 사소한 차이로 결론이 달라질 수 있다. 합의부에서도 판사들이 서로 의견이 달라서 처음 합의할 때는 재판장이 원고 승소, 배석판사가 피고 승소라고 했다가, 기록을 다시 본 다음에는 의견이 서로 바뀌기도 한다. 선고일 아침까지 양형을 고민하다가 선고를 연기하는 경우도 있다.

사건 당사자들은 판결의 결과나 판결문의 내용만 보고 자기가 당연히 이긴 사건 또는 억울하게 진 사건이라고 생각한다. 재판의 처음부터 끝까지 판사가 하나의 입장을 고수하는 경우도 있지만, 생각이 왔다 갔다 하여 어느 입장을 택할지 고민을 거듭하는 경우도 많다. Sit on the fence라는 관용 표현이 있다. 좌고우면(左顧右眄)하는 태도를 가리키는 말인데, 울타리 위에 앉아 이쪽으로 뛰어내릴까, 저쪽으로 뛰어내릴까 망설이는 것이다. 재판도 그런 경우가 많다. 판사는 누구의 말이 맞는지, 어떤 주장을 인용하거나 배척할지, 풀어줄지 구속할지 등에 관해 담장 위에 앉아 이쪽으로 뛰어내릴까, 저쪽으로 뛰어내릴까 한참을 고민한다.

그러다가 이쪽으로 뛰어내려 원고 승소로 결정하면, 판결문의 내용은 원고한테 유리한 부분이 강조되고, 원고한테 불리한 부분은 슬며시 빠진다. 유죄로 결정하면 무죄의 간접증거들은 슬며시 무시하고 유죄의 증거들에 큰따옴표를 한다. 무죄로 결정하면 유죄의 증거들은 스치듯 넘어가고 무죄의 간접증거들은 눈에 잘 띄게 부각시킨다. 결국 어느 한쪽으로 결론을 내면 그쪽을 최대한 강조하여 판결문을 쓴다. 결론을 도출하는 판사의 마음은 양측에 대해 60 대 40 정도로 비등했음에도 불구하고, 판결문에서는 그 비율이 90 대 10으로 표현되어 당사자들이 오해하게 된다.

판사들이 판결문을 이와 같이 쓰는 이유는 자신의 판결문이 완결성을 갖도록 하려는 의도도 있지만, 상급심에서 자신의 판결이 깨지지 않도록 하기 위해서이기도 하고, 사건 당사자들에게 자신의 논리가 맞다는 것을 역설하고 싶어서이기도 하다. 그러니 판결문만 보고 어느 한쪽으로의 결론이 당연하다고 생각할 필요는 없다. 과정이 숨겨져 있으니까.

물론 판사가 확고하게 90 대 10으로 판단을 했다면, 그대로 판결문을 쓰는 것이 당연하다. 그런데 만약 60 대 40으로 판단했다면. 이쪽 의견은 이래서 일리가 있고 저쪽 의견은 저래서 일리가 있으나 나는 근소한 차이로 이쪽 의견을 채택하는 것이 맞다고 본다라고 표현하는 것이 더 솔직한 판결이 아닐까. 자신이 고민한 내용을 그대로 담아 작성해야 더 좋은 판결문이 아닐까.

판사의 심증을 파악하는 방법

법원에서 근무하는 판사는 다른 판사의 재판을 보는 경우가 별로 없다. 자기 재판 진행하기 바쁘고, 또 서로 겸연쩍게 동료 판사의 재판을 보려고 방청석에 앉아 있는 것이 불편하기도 하다. 무엇보다 다른 판사의 재판을 볼 필요성 자체가 별로 없다.

간혹 법정 모니터링을 한다며 돌아가면서 동료 판사의 재판 진행을 보는 경우가 있다. 하지만 이 경우에도 법정에서의 태도, 말하는 톤, 시선, 불필요한 손짓 등에 중점을 둘 뿐이다. 재판에서 다루는 특정 사건의 내용과 결론 등을 염두에 두고 보는 것은 아니다.

포커페이스(poker face)라는 것이 있다. 카드 게임을 하면서 자신이 어떤 패를 가졌는지 상대가 알 수 없게 무덤덤하게 짓는 표정을 말한다. 십수 년간 재판을 하면서 나는 스스로 포커페이스라고 생각했다. 재판 진행 초기에 이 사건은 원고가 옳고 피고인이 유죄네라는 생각이 들어도, 중간에 피고인이 무죄가 맞구나라는 생각이 들어도, 그것을 표시 내지 않고 선입견 없이 담담하게 재판한다고 자신했다. 다른 판사들도 으레 결론에 대해 심증을 드러내지 않겠구나라고 생각했다.

변호사를 시작한 초기에, 어느 재판에서 재판장이 원고 측을 대하는 표정이 떨떠름해 보였다. 물론 유리한 당사자에게 일부러 더 머라하는 경우도 있지만, 재판장의 그 표정은 심증과 상관없는 것이라고 생각했다. 1심에서 진 사건의 항소심 변론에 재판장은 별로 관심을 보이지 않았다. 아직 기록을 샅샅이 보지 못했으니까, 어차피 서면에 내용이 다 있으니까, 재판장의 담담한 표정에 그리 불길하진 않았다. 그런데 떫은 감을 먹는 표정을 지었던 재판부의 사건은 결과가 좋지 않았다. 변호인의 주장에 먼 산 보듯 무덤덤했던 재판부에서는 기대한 무죄 판결이 나오지 않았다. 반면, 재판장이 뭔가 우호적인 표현을 한 사건에서는 결과가 좋았다.

머리에 약간의 혼동이 왔다. 뭐야, 법정에서 표현한 그대로 잖아. 포커페이스, 그런 거 없잖아. 중간중간 드러낸 심증대로 그냥 단순하게 결과가 나오는 거잖아. 어쩌면 판사를 하면서 내내 스스로 포커페이스라고 여겼던 나의 확신이 착각이었는지 모른다. 변호인 석에 앉은 변호사들은 내가 재판을 진행하는 것을 보면 결과를 예측할 수 있었을지 모른다.

아무튼 변호사로서 법대 아래에서 위를 바라보니 재판장의 재판 진행에서 어느 정도 결론을 예측할 수 있었다. 법대 아래에서는 판사의 사소한 행동, 말투, 눈빛 등을 예의주시하고 있으니, 판사의 심증이 엿보이게 마련이다. 어쩌면 판사가 심증을 다 감출 필요가 없는지도 모른다.

판사의 심증을 파악하는 대강의 방법은 이렇다.

첫째, 판사가 공감하는지, 질문을 많이 하는지 보라. 모든 사안은 어느 한쪽에 유리한 측면이 있다. 재판은 이미 한쪽이 조금 유리하거나 불리한 상태에서 시작된다. 처분문서인 차용증이 있으면, 일단 피고가 불리하다. 피해자가 맞았다고 주장하면, 때리지 않았더라도 일단 피고인은 불리하다. 1심에서 패소했는데 항소하면 일단 항소인은 불리한 위치에서 항소심을 시작하게 된다. 자신이 불리한 쪽에 있는데 재판장이 변호인이나 대리인의 주장에 별다른 반응을 보이지 않으면, 원하는 결과를 얻지 못할 가능성이 높다.

무죄 사유로 이런저런 점들을 열심히 주장하면서 피해자에 대하여 증인 신문을 하는데 판사가 강 건너 불구경하듯 팔짱을 낀 채 추가로 뭔가를 물어보지 않는다면, 판사는 피고인을 무죄로 생각하지 않는 것이다. 꼭 벌금형을 받았으면 하는 사안인데, 판사가 그 구체적 사유에 대해 다시 물어보지 않으면 벌금형을 받을 가능성이 낮은 것이다.

사람은 누구나 관심이 있으면 궁금해진다. 소개팅을 할 때 상대에게 관심 있으면 질문이 많아지고, 관심 없으면 멍하니 있는 것처럼. 상대에게 관심이 있으면 의자를 당겨 앉고, 몸이 그 쪽으로 향하고, 발끝이 그 방향으로 놓이게 된다. 전체적인 형세가 불리한데 그것을 뒤집어 원고 패소를 원고 승소로, 유죄를 무죄로, 양형 기준상 실형인데 집행유예로 판결하자면 판사 스스로도 자기 확신이 더 필요하기 때문에 질문을 하지 않을 수 없다. 만약 자신이 불리한 상황인데 판사가 자신의 주장에 별다른 반응이 없다면, 판사는 결론을 바꿀 의향이 없는 것이다.

둘째, 판사는 불리한 판결을 받을 쪽의 눈치를 더 본다. 판사도 사람인지라, 치열하게 다투는 사건에서 원고 승소 판결을 하려고 할 때는, 그로 인하여 패소하는 피고 쪽의 눈치를 본다. 결심 단계에서, "뭐 더 하실 거 없으시죠?"라고 하면서 판사의 시선이 향하는 쪽이 대개 패소하는 당사자가 된다. "이 사건은 어려운 사건이라서 결론 내기가 쉽지 않네요. 하지만 양쪽 모두 더 하실 게 없다고 하시니 일단 제가 결론을 내서 판결을 해보겠습니다."라고 하면서 원고 쪽을 슬그머니 쳐다본다면 원고가 패소할 확률이 높다. 벌금형을 받아야 한다고 선처를 구하는 피고인의 시선에 눈을 잘 맞추지 못하는 판사는 선처를 해줄 가능성이 별로 없다.

셋째, 판사가 법정에서 하는 말에 이미 결론이 들어 있다. 판사의 말을 잘 들어보면 알 수 있다. 기록을 자세히 본 판사일수록 말하는 중간중간 은연중에 심증이 드러날 수밖에 없다. 기록을 별로 보지 않고 재판을 진행하는 판사라면 사건을 잘 모르니 결론 예측이 어렵겠지만, 기록을 열심히 보고 재판에 들어오는 판사는 자신도 모르게 어느 한쪽의 유불리(有不利)를 말 속에 표현하게 된다. 원고 측의 주장을 들으면서 판사가 자신도 모르게 눈썹이 모이고 인상을 찌푸린다면 그 주장을 받아들일 생각이 없는 것이다.

물론 결정적 증거가 나오거나 재판 말미에 결론이 바뀌어 중간에 내비친 심증과 달라지는 경우도 있으나, 재판 과정에서 판사는 자신의 생각을 법복 안에 감추고 재판하지는 못하는 듯하다. 생각을 감추기 위해서는 이슬람 여성처럼 차도르를 뒤집어써야 할지 모른다.

위의 이야기가 모든 판사에게 적용되는 것은 아니다. 진정한 포커페이스인 판사도 있을 수 있으니. 그래도 사건의 당사자나 변호사는 법정에서 자신의 의견서만 보고 읽을 게 아니라 판사의 표정과 말도 유심히 살펴야 할 것이다.

좋은 놈, 나쁜 놈 프레임

판사들이 가지고 있는 프레임(frame)이 있다. '좋은 놈, 나쁜 놈' 프레임('놈'에 비하하는 의미가 없다.). 원고와 피고 중 누군가는 좋은 놈, 다른 누군가는 나쁜 놈이다. 돈을 빌리고서 이런저런 핑계를 대며 갚지 않는다면, 그 피고는 나쁜 놈이다. 돈을 빌리고 나서 사기로 고소당했는데, 이야기를 들어보니 그만 한 사정이 있어서 사기가 아닐 수 있다면, 그 피고인은 좋은 놈이다.

여기서 좋은 놈, 나쁜 놈은 인격이 훌륭한지, 인간성이 좋은지, 성품이 착한지 여부와 관련이 없다. 민사 사안에서 이기는 것이 옳다고 판사가 생각하는 사람이 좋은 놈이다. 형사 사안에서 죄질이 나쁜 사람이 나쁜 놈이고, 죄는 지었지만 피해자와 합의했고 사안에 일리 있는 부분이 있다고 판사가 납득하면 좋은 놈이다. 따라서 좋은 놈이란 구체적 사안에 대해 승소 판결하는 것이 정의와 공평 관념에 맞다고 생각되는 쪽이고, 나쁜 놈이란 지는 것이 정의에 부합한다고 생각되는 쪽이다. 특히 형사 사안에서는 '그럼에도 불구하고' 한 번 더 기회를 주고 싶어지는 피고인이 좋은 놈이고, 이 정도면 무죄가 아닐까라는 생각이 자꾸 드는 쪽 역시 좋은 놈이며, 지은 죄 자체를 용서할 수 없는 파렴치한이라서 일벌백계로라도 형을 최대한 세게 내리고 싶어지는 사람이 나쁜 놈이다. 완곡하게 표현하면, 좋은 놈이란 '이 사람이 이기게 하거나 이 사람을 봐주는 것'에 판사의 마음이 기우는 쪽이고, 나쁜 놈은 그 반대이다.

하지만 판사가 좋은 놈이라고 생각한다고 해서 그 사람이 반드시 이기는 것은 아니다. 반드시 무죄를 받는 것도 아니다. 판사는 법의 울타리 안에서 판결해야 한다. 만약 법의 울타리를 무시하고 판결하는 경우가 있다면 판사가 아니라 사또일 것이다.

원고가 분명히 돈을 빌려준 것 같은데 아무런 증거가 없다고 하자. 피고인이 아니라고 하는데 원고가 거짓말을 하는 것 같다. 그렇다고 무조건 좋은 놈인 원고의 손을 들어주는 원고 승소 판결을 할 수는 없다. 증거재판주의니까. 증거가 없으면 편들어 주고 싶어도 그럴 수가 없다. 피고인을 한 번 봐주고 싶어도 집행 유예 중이면 다시 집행유예를 줄 수 없다. 눈 딱 감고 좋은 놈의 편을 들어주기에는 직업적 양심이 허락하지 않는다. 할 수 없는 것은 어쩔 수 없다.

그러므로 변호사는 단순히 법 논리만 주장해서는 안 된다. 주장이 이렇고 증거가 이렇게 있으니 우리가 이기는 것이 당연 히 맞다, 피고인이 초범이고 합의했으니 당연히 봐주어야 한다, 라고만 주장해서는 뭔가 부족하다. 판사가 가지고 있는 좋은 놈 프레임에 자신의 원고나 피고인이 들어가도록 해야 한다. 입증 책임과 관련 없고 범죄 구성 요건과 동떨어진 사실도 주저리주 저리 써내고 주장해야 한다. 판결의 결과로 야기될 피고인 주변 사람들의 삶도 비극적으로 읊어야 한다. 판사가 의식하지 않는 다고 하더라도 판결은 일종의 결단이다. 자기 편이 좋은 놈이라 는 것을 판사에게 계속 주지시켜야 한다. 세뇌시켜야 한다고 하 면 너무 과한 표현이겠지만.

일단 판사가 좋은 놈이라고 판단하면, 그 다음부터 일이 훨 씬 수월해진다. 마음이 기우는 순간, 변호사가 주장하지 않은 유 리한 내용도 판사가 기록을 탈탈 털어 찾아서 판결문에 써 준다. 변호사가 놓친 부분까지 판결문에 예쁘게 설시해 준다.

그러니 판결의 결과가 좋으려면, 무엇보다도 딱 봐서 좋은 놈으로 보이거나, 애매하면 열심히 노력해서 좋은 놈의 줄에 서야 한다. 모름지기 사람은 줄을 잘 서야 한다.

재판의 심리학, 앵커링 효과

범죄는 여러 심리적 원인으로 말미암은 것이니, 심리학은 범죄와 그에 상응하는 형벌을 이해하는 중요한 해석 기준이 될 수 있다. 그리고 재판 자체도 여러 심리학적인 측면에서 설명할 수 있다.

그중 하나가 앵커링 효과(anchoring effect)이다. 배가 닻을 내린다는 의미에서 정박(碇泊) 효과라고도 불린다. 사람들은 어떤 기준이 생기면 거기에 영향을 받는다. 닻을 내리면 파도가 친다 한들 배가 거기서 얼마나 벗어나겠는가.

이에 관해 미국과 한국에서 여러 실험이 있었다. 검사가 구형을 하면 판사는 그 구형의 영향을 받는다. 이를테면 판사를 두

집단으로 나누어 검사가 어떤 사안에 대해 한 집단에는 3년을 구형하고, 다른 집단에는 5년을 구형하면, 5년을 구형한 집단의 양형이 다소 높아진다. 마찬가지로 민사 사안에서도 판사는 원고가 청구하는 액수의 영향을 받는다. 이를테면 원고가 5000만 원을 청구하는 쪽과 1억 원을 청구하는 쪽 중 후자 쪽의 인용금액이 더 커진다(판사가 생각하기에 2000만 원가량 인정해 주면 맞겠는데, 원고가 5000만 원을 청구하면 40퍼센트라서 괜찮지만 1억 원을 청구하면 20퍼센트라서 적은 듯해 2500만원을 인정할 수도 있다. 판사의 인용금액이 청구금액에 따라 달라질 수 있다).

물론 위의 두 경우 모두 구형이나 청구가 터무니없지 않고 어느 정도 유죄나 손해배상의 당위성이 인정되어야 한다.

그런데 이런 앵커링 효과가 비단 검찰의 구형과 청구 금액에 한정되지 않는다는 점에서 깊이 생각해 볼 필요가 있다.

예를 들어, 몇 번 만난 남녀가 같이 술을 마시고 여관에 가서 성행위를 하였는데, 그것이 합의로 한 것인지, 강간을 한 것인지 애매한 경우가 있다. 경찰이 조사를 해보니, 강간은 아닌 듯하고 피해자의 말도 오락가락한다. 성행위가 완전하게 합의로 이루어졌는지 여부도 확실하지 않다. 의심스러우면 피고인의 이익으로라는 법리가 있고, 무죄냐 유죄냐 둘 중 하나만 고르라고 한다면 담당경찰은 무죄라고 생각한다. 하지만 피해자가 길길이 뛰고 있고 요즘 성인지감수성이라는 것이 있어서 그냥 무혐의 처분하기가 부담되어, 피의자에게 일단 검찰에는 기소의견으로 올리겠다고 한다. 자기가 봐도 무죄 같긴 한데, 자신은 힘이 없으니, 힘 있는 검찰에 가서 잘 말하면 무혐의로 종결될 수 있을 거라고 피의자에게 공손한 말을 건네는 것도 잊지 않는다.

검찰의 입장에서도 애매하기는 마찬가지다. 피해자의 말이 오락가락하지만 유죄든 무죄든 결정적인 다른 정황증거가 부족하다. 그래도 담당검사는 아무튼 피해자가 강간당했다고 하고 요즘 성인지감수성이라는 것이 있어서, 피해자의 말을 함부로 배척하긴 어렵다고 한다. 자기가 봐도 무죄 같긴 한데, 요즘 이렇게 애매한 강간 사안은 혐의없음으로 처분하기 어려워서 기소하겠다고 한다. 법원에 가서 잘 다투면 무죄 판결이 나올 수 있을 거라는 따뜻한 말을 건네는 것도 잊지 않는다.

재판 날짜가 잡혀 법원에 출석하니, 판사는 공소장만 보고 피고인에게 혐의 인정 여부를 묻는다. 피고인은 인정하지 못한다고 한다. 성범죄특별재판부 판사는 본인이 다루는 성범죄 사건의 99퍼센트가 유죄이므로, 일단 이 피고인도 의당 유죄일 거라는 선입견을 가지고 재판한다. 피고인이 다투는 모습에 조금 의아한 마음이 든다. 하지만 검사가 기소한 사건임을 생각한다.

재판이 시작되자, 피해자가 증인으로 나와 자기는 강간을 당했다고 눈물로 호소한다. 피해자의 말과 불일치하는 사정들이 재판 과정에서 많이 밝혀진다. 피해자의 말과 양립하기 어려운 사정들이 충분히 소명된다.

　판사는 고민을 한다. 무죄로 하려면 할 수는 있을 것 같다. 하지만 요즘에는 성인지감수성이 있지 않은가. 피해자의 말이 모순되더라도 피해 '여성'은 그럴 수 있다고 하지 않는가. 피해자가 눈물로까지 호소하고 있지 않은가. 검사도 어련히 알아서 기소하지 않았을까.

　판사는 양형 기준에 맞추어 징역형을 선고한다. 선고를 나중에 전해 들은 검사는 생각한다. 징역형을 내릴 사안은 아니었는데. 선고를 전해 들은 담당 경찰은 생각한다. 내가 볼 때는 피해자가 딱 거짓말했는데.

　재판의 결과를 전해 들은 피해자는 피고인에게 속으로 미안한 마음이 든다. 피고인과 합의하에 한 것은 맞지만 성관계 후자기를 무시한 행동에 상처를 받아 고소한 것인데, 이미 고소한 사안이라 잘못 말하면 무고가 될까 봐 그냥 계속 강간당했다고 한 건데, 이걸 어쩌지라고.

　하나의 앵커링이 또 하나의 앵커링을 만들어 내면, 뒤의 사람은 앞의 앵커링에 영향을 받아 사안을 자신의 독립된 시각으로 보지 못하고 편견에 사로잡혀 판단하게 될 수 있다. 더욱 중요한 것은 경찰이든, 검찰이든, 법원이든, 또는 행정청이든, 일단의 결정을 하는 모든 개별 기관은 결정 과정에서는 50 대 50으로 고민할 수 있지만, 결정문에서는 판단 결과를 50 대 50으로 쓰지 않는다는 사실이다. 피의자 신문조서에, 피해자 진술조서에, 판결문에, 위원회 보고서에, 50 대 50으로 쓰지 않는다. 어느 한쪽으로 입장이 정해지면 각자 자신의 결정을 공격받지 않기 위해 100 대 0은 아니더라도 80 대 20 정도로 자신이 택한 결정 부분은 나열하고 강조하고 치장하고, 자신이 버린 선택 부분은 무시하고 기재하지 아니하고 사소한 것으로 치부한다.

말이란 '아' 다르고 '어' 달라서, 누군가 조사를 하면서 유죄라는 심정으로 조사하면 유죄에 부합하는 취지로 조서를 채울 수 있고, 무죄라는 심정으로 조사하면 무죄에 부합하는 문답으로 조서를 채울 수 있다.

사안을 처음부터 다시 편견 없이 봐야 한다. 판사가 사안에 편견을 갖지 않게 하려고 공소장일본주의(公訴狀一本主義)를 따르는 것이라면, 어쩌면 항소심도 1심 판결문을 보기 전에 기록부터 봐야 하는 게 아닐까. 하지만 항소심은 판결문부터 본다. 기록부터 보는 항소심은 아마 없을 것이다.

우리의 보통 삶에도 재판처럼 앵커링 효과가 작용한다. 닻을 내리는 것이 우리의 생각을 얼마나 가두는지 안다면, 살면서 과연 함부로 닻을 내릴 수 있을까?

성인지감수성 딜레마

　　어느 때부터인가 대법원에서 성인지감수성을 들고나왔다. 요컨대 성폭행이나 성희롱 사건에서 피해자의 말이 다소 안 맞는 부분이 있더라도 함부로 배척하지 말라는 것이다. 예전의 기준에서는 피해자 진술이 좀 믿기 어려우면 배척할 수 있었지만, 이제는 웬만큼 말이 안 되더라도 가급적이면 피해자의 말을 믿어주라는 것이다. 어떤 피고인이 똑같은 행동을 10년 전에 했다면 아마 무죄로 판결했을 사건도 요즈음에는 웬만하면 유죄가 된다. '피해자가 오죽 억하심정이면 고소를 했겠느냐', '피해자 입장에서는 좀 오락가락할 수도 있다'는 것이 저변에 깔려 있다. 피해자가 성적 수치심을 느꼈다면 가해자에게 성적인 의도가 있든 없든 유죄가 맞다는 것이다.

학원 강사 사건이 있었다. 학원 강사는 재수생인 피해 학생을 잘 챙겨주려는 의도에서 이야기를 건네며 어깨에 손을 얹기도 했고 팔을 잡기도 하였다. 1심에서 유죄, 항소심에서도 유죄로 판결이 났다. 판결문에도 나와 있듯이, "불필요한 신체 접촉"일 수 있다. 피해자는 성적 수치심을 느꼈다고 수사기관에서부터 법정 증인석에서까지 일관되게 진술하였다.

변호사로서 피고인과 상담을 하면서, 피고인의 이야기에서 진심을 알 수 있었다. 피고인은 수십 년간 학원 강사를 하면서 남녀를 가리지 않고 학생과 스킨십을 많이 했다고 이야기했다. 학원이 오로지 공부만 하는 공간이 아니라, 좀 더 친밀한 공간이 되길 원했다고 했다. 딱딱한 학원이 아니라 편안한 공부방이 되길 원했고, 성적인 의도 없이 친밀감의 표시였다고 이야기하였다. 이해할 수 있었다. 평소에 남녀를 가리지 않고 가볍게 스킨십을 하는 사람들이 있다.

그런데 그런 말이 있다. 여자는 남자가 성적 의도를 가지고 있는지 아닌지 바로 안다고. 이 사건의 범죄 사실은 모두 CCTV에 녹화되어 있다. 학원 원장이던 피고인은 자신의 행동이 모두 CCTV에 녹화되고 있다는 사실을 누구보다 잘 알았다. 본인은 성적 추행 의도가 전혀 없었는데, 피해 학생은 성적 수치심을 느꼈다고 하는 것이 이 사건의 실체다.

그런데 법원은 '성인지감수성'이라는 잣대로 유죄를 선고했다. 피해자가 성적 수치심을 느꼈으니 피고인의 의사는 중요치 않은 것이다. 대법원에 상고했지만 기각되었고, 벌금형이 확정되었다.

요즈음에는 성희롱, 성폭행 사건이 단지 벌금형을 받는 것에서 끝나지 않는다. 이와 같은 판결을 받으면 아동, 청소년 관련 기관에 3년간 취업할 수 없게 된다. 또 신상정보가 공개된다. 벌금형을 선고받아도 10년간 매년 한 번씩 경찰서에 가서 속칭 머그샷(Mug Shot)을 찍어야 한다. 그야말로 사회에서 낙인이 찍히는 것이다.

사안이 애매해도, 보는 각도에 따라 무죄로 볼 여지가 있어도, 일단 유죄로 확정되면 최소한 10년 동안 매년 한 번씩 동네 사진관이 아닌 경찰서에 가서, 조금씩 늙어가고 변화하는 자신의 얼굴을 기록으로 남겨야 한다.

법원에서 판사로 근무할 당시 이런 종류의 사건을 재판하면서 몇 차례 선고유예를 한 적 있다. 앞의 사건처럼 피고인이 유무죄를 다툰 것은 아니고, 아무 전과도 없는 중년 남성이 술에

취해 피해자를 안았는데 피해자가 합의해 준 사안이다. 1심에서 벌금 100만 원 형을 선고 받아 항소심에 올라왔다. 하지만 벌금이 문제가 아니었다. 10년간 매년 경찰서에 가서 자신의 컬러 사진을 찍어야 했다. 선고유예를 하면 2년만 가서 사진을 찍으면 된다. 그 사람이 받아야 할 형은 벌금형이 맞지만, 그보다 더 약한 선고유예를 주었다. 사회에서 낙인을 찍는 사람이 많을수록 그 사회는 더 좌절 사회가 되는 것은 아닐까라는 생각으로.

앞의 사건 피고인은 대법원에 사건이 머무는 중에 만났을 때, 이미 학원을 정리했다고 하였다. 자신은 선한 의도로 학생들을 대했는데, 결과가 이러하니 그 실망감과 자신에 대한 초라함으로 더 이상 학원을 운영할 마음을 잃었다고 하였다.

과거에 나는 다른 성폭력 사건을 변호해서 무죄를 받은 적이 있다. 당시 재판부에 이렇게 항변했다.

"최근에 성인지감수성이라는 잣대로 피해자가 성폭력을 당했다고만 하면 진술이 다소 모순되더라도 그럴 수 있다고 넓게 인정하고 있습니다. 하지만 이 사건에서는 핵심적인 부분에서 도저히 양립불가능한 사실을 피해자가 진술하고 있습니다. 피해자가 강간을 당했다, 성추행을 당했다고만 하면, 여자인 피해자가 한 진술을 수많은 모순점에도 불구하고 인정해야 하는 것이 성인지감수성은 아닐 것입니다."

대법원의 판결이 틀렸다고는 할 수 없다. 피해자의 손을 잡거나 어깨에 손을 살짝 올려도 그게 불필요한 행동이라고 볼 수 있다. 사람에 따라서는 그러한 행동에서 성적 수치심을 심하게 느낄 수도 있다. 유죄라는 법원의 판단과 결단에 승복하지 않을 수 없다. 하지만 이런 생각도 들었다.

그 피해 학생이 세월이 지나 조금 더 성장해서 어른이 되어 결혼을 하고 자식을 낳고 옛날을 돌이켜보면, '아, 그 학원 선생님이 무슨 나쁜 의도로 나한테 그런 거는 아닌 것 같았는데, 그때 내가 너무 어려서 기분 나쁘게만 생각한 것 같은데, 그 선생님이 다시는 학원 선생을 하지 못하게 될 정도의 일은 아니었는데'라고 생각하지 않을까.

또 이런 생각도 들었다. 이런 종류의 사건은 배심 재판을 하면 어떨까. 판사가 아닌 배심원이 유무죄를 판단하는 것이다. 단, 배심원을 아들과 딸이 모두 있는 부모로만 구성해서. 그런 부모는 아들과 딸의 입장을 모두 이해할 것이다. 그런데 조건이 하나 더 있다. 아들과 딸 중 어느 한쪽을 특별히 편애하는 부모는 제외하고.

누구를 위하여 종은 울리나

      변호사도 사람인지라 맡은 사건 중에서 특별히 애착이 가는 사건이 있다. 애착이 가는 사건이 아니라 애착이 가는 사람이라고 해야 할까.

    여기서는 김씨라고 가칭한다. 김씨는 소방관을 몇 년 했다. 소방관을 하다가 첫 강제추행으로 벌금형을 받아 소방관에서 면직되었다. 이후 또 강제추행으로 집행유예를 선고받았는데, 그 집행유예 기간에 또 강제추행을 해서 실형을 받아 집행유예된 형까지 살게 되었다. 이러한 사실만 놓고 보면 누구나 입꼬리가 아래로 향할 수 있다.

    처음 상담을 하면서 몇 마디 이야기를 나누다가, 도대체 왜 그랬냐고 물어봤다. 자기도 잘 모르겠다고 대답한다. 자기가 그 순간 왜 그런 행동을 했는지 자기도 설명할 수 없다고 한다. 통상적으로 강제추행 전과가 여러 번 있는 사람이라면, 자꾸 만져보고 싶은 충동을 억제할 수 없다고 할 것이다. 만약 변태적으로 여자를 만지고 싶은 사람이라면, 그냥 잘못했다고 할 것이다. 그런데 자기도 자기 행동을 이해할 수 없다고 한다.

이 건은 운신의 폭이 매우 좁은 사안이다. 실형을 받은 날로부터 3년이 지나지 않은 기간 중의 범죄이므로 집행유예 형은 받을 수 없기 때문이다(형법상 집행유예 결격 사유이다). 그러니 김씨가 받을 수 있는 형은 징역형 아니면 벌금형뿐이었다. 누범을 한 점, 이미 수차례 동종 전과가 있는 점으로 미루어 판사가 징역형을 내릴 가능성이 더 높았다.

하지만 상담을 해보니, 그는 너무나 평범하고, 또 성실하고 순한 사람이었다. 죄만 빼고 보면, 누구나 친구나 동료 중에 한 명씩 있을 법한, "왜 그 친구 있잖아, 점잖고 착실하고 일밖에 모르고, 좀 심심하고" 그런 성격과 성품을 가진 사람이었다. 그래서 이 사람이 벌금형을 받을 수 있게 최대한 노력해야겠다는 마음이 들었다.

월드컵에서 강팀 독일과의 대전을 앞두고 친구들과 내기를 하면, 객관적으로 밀리는 것을 알면서도 한국의 승리에 돈을 거는 심정이라고나 할까. 꼭 이겼으면 하는 마음처럼 징역형이 아니라 꼭 벌금형을 받았으면 하는 마음이었다.

이 사건에서는 몇 가지 눈여겨볼 점이 있었다.

우선, 강제추행의 양태가 거의 같았다. 기차나 버스에서 옆에 앉은 여자의 가슴을 옷 위로 만진 것이다. 지하철에서 만진 것도 아니고, 영화관에서 만진 것도 아니고, 기차나 버스에서만 만졌다.

또한 만지고 모른 척한 것도 아니고, 사람이 붐비는 지하철이나 버스에서 뭔가 애매하게 만진 것도 아니라는 점에서 소위 변태적 성향과 차이가 있었다. 만지고 도망칠 수 없는 상황에서 범행을 저지른 것이다.

아울러 소방관 생활에서 어떤 식으로든 외상후스트레스장애(Post-Traumatic Stress Disorder)가 생긴 것은 아닐까 하는 생각도 들었다.

재판 과정에서 이러한 점을 소상히 써서 의견서를 냈다. 사건이 조사되자마자 혐의를 모두 인정하고 피해자와 합의한 점도 기재해서, 매일 열심히 비닐하우스 농사를 짓고 사는 모습을 찍은 사진과 함께 재판부에 제출했다. 무엇보다 이 사건에서 징역형이 과연 필요한지에 대한 의견도 적었다. 대학 시절 형법 시간에 배운, 형벌의 목적인 일반 예방 효과와 특별 예방 효과를 주장한 학자들까지 거론했다.

재판이 진행되는 기간 중에 또는 선고를 앞두고, 의뢰인이나 의뢰인의 가족 그리고 이 사건을 아는 사람들은 과연 자신이 원하는 결과가 나올지 변호사에게 묻곤 한다. 이를테면 벌금형을 받을 수 있을까요라고. 이런 질문에 나는 통상 이렇게 답한다.

"재판은 변호사가 하는 게 50퍼센트이고, 나머지 50퍼센트는 판사를 잘 만나야 합니다."

변호사가 아무리 잘해도, 재판부가 받아주지 않으면 그만이다. 형식상 볼 때, 이것은 재판부가 실형을 내릴 수 있는 사안이다. 이미 여러 차례 동종 전과가 있고, 실형을 받았는데 또 범행을 저질렀으니까.

만약 재판부가 벌금형을 내린다면, "그래 이 사람이 또 잘못을 저질렀지만, 피해자의 피해가 크지 않고, 합의도 했고, 지방에서 매일 농사를 지으며 일주일에 한 번씩 40~50만 원을 들여 정신과 치료를 받으러 서울에 왔다 갔다 하고, 부모와 형제자매도 옆에서 무척 신경 쓰며 도와주고 있으니, 마지막으로 한 번 더 기회를 주는 게 맞겠다."는 심정일 수 있다. 조금 봐주는 것이 되겠지만, 이 사건에서는 그게 더 정답이라고 생각할 수 있다.

노심초사하는 마음으로 선고일을 맞았다. 이 재판은 지방에서 열렸고, 하필 나는 서울에서 같은 시간 다른 재판에 참석해야 해서 가볼 수 없었다.

선고를 40분 앞두고 그와 통화를 했다. 그에게, "만약 재판부가 이 죄의 나쁜 점을 먼저 이야기한다면, 아마 원하는 결과가 나올 것입니다. 하지만 재판부가 피고인의 좋은 점부터 먼저 이야기한다면, 결과가 나쁠 것입니다."라고 이야기했다.

판사들은 형을 세게 내릴 때는, '피고인이 합의를 했고 피고인의 무엇무엇은 좋은 점이다'로 시작해서 뒤에 '하지만'을 붙인다. 그런 재판에서는 피고인이 원하는 결과가 나오지 않는다. 반대로 판사가, '피고인은 이래서 나쁘고 저래서 나쁘다'로 시작하면, 안도의 한숨을 쉬어도 된다. 나쁜 이야기가 먼저 나오고 나서 '하지만', '그렇지만'으로 시작하면, 실형과 집행유예 사이를 오가는 피고인에게는 집행유예가, 집행유예와 벌금형 사이를 오가는 피고인에게는 벌금형이 나온다.

알 파치노(Al Pacino)가 주연한 「대니 콜린스(Danny Collins)」라는 영화가 있다. 유명하지만 이제 늙은 가수인 대니 콜린스(알 파치노)가 오래전에 낳은 아들을 찾아가 뒤늦게 아버지 역할을 하려고 노력하는 과정을 그리고 있다. 삼십대 정도인 아들은 백혈병을

앓고 있고, 아버지는 아들을 도와주려 한다. 마지막에, 의사의 검진 결과를 기다리면서 대니 콜린스는 아들에게 말한다.

"내가 계속 보니까. 의사가 좋은 결과가 나올 때는 너의 이름 톰을 먼저 부르고, 결과가 안 좋으면 무슨 씨라고 하더라. 그러니 너는 다른 거 신경 쓰지 말고, 너의 이름을 먼저 부르는지만 잘 들으면 돼."

영화는 의사가 콜린스의 아들 이름을 톰이라고 부르면서 이야기를 시작하는 것으로 끝난다.

그러니 형사 재판에서는 판사가 피고인의 나쁜 점을 먼저 이야기하기만 기대하면서 기다리면 된다.

2시에 선고하기로 되어 있는데 2시 20분이 되어도, 2시 40분이 되어도 연락이 오지 않았다. 불안한 마음이 엄습해 왔다. 재판부의 선고 건이 많으면 선고가 늦어질 수 있다. 좋은 결과가 나와도 가족과 기쁨을 나누다 보면 연락이 늦어질 수 있다.

거의 3시가 다 되어 전화가 왔다. 핸드폰에 김씨의 이름으로 저장되어 있는 번호가 아니었다. 모르는 번호였다. 그 순간 직감했다. "아! 법정 구속 되었구나". 나는 원래 눈물이 많은 사람이 아닌지라 눈시울이 젖진 않았지만, 가족이 대신 전화했다는 사실만으로도 마음은 이미 땅에 떨어졌다.

전화를 건 사람은 피고인의 어머니였다. 한참을 운 후에 조금 진정되어 전화한 것이 느껴졌다. 최종 공판 기일에 피고인 신문이 진행되는데 피고인이 울먹이는 모습을 보고 방청석에서 실신하다시피 하여 계속 앉아 있지 못하고 법정 밖으로 나간 어머니였다. 재판부에 제출할 변호인 의견서에 기재하려고 어떤 농사를 어떻게 짓고 있는지 물어서인지, 직장 동료들과 나누어 먹으라며 손수 기르던 농작물까지 보내준 어머니였다.

어머니는 몇 마디 이야기를 나누다가 말을 잇지 못하고 김 씨의 누나에게 핸드폰을 넘겼다. 다른 지방에서 열린 두 차례의 재판에 남편과 함께 차를 몰고가 참석해 온 누나도 몇 마디밖에 말을 잇지 못했다. 결국 김씨의 동생에게까지 핸드폰이 넘겨졌다. 안타까운 마음을 전했다. 일단 항소장을 제출하겠다고 하고 통화를 마무리했다.

순간, 영화의 제목처럼 '누구를 위하여 종은 울리나'라는 생각이 들었다. 그 영화가 어떤 내용인지 잘 기억나지 않지만, 또 그 영화랑 이 상황이 들어맞는지도 잘 모르겠지만, 아무튼.

양형 기준으로 보면, 김씨는 당연히 징역형을 받을 수 있었다. 재판부는 물론 고민을 했고, 틀린 재판을 했다고 할 수는 없었다. 다만, 피고인이 징역형을 받으면 누가 좋아할까, 피고인이 벌금형을 받는다고 해서 누가 피해를 볼까, 하는 생각이 들었다.

피해자의 마음은 잘 모르겠다. 자기를 강제추행한 사람이니 징역형을 받아야 한다고 생각할지 모른다. 이 사건으로 트라우마가 생겨, 이제 기차에서 늘 불안해하는 병이 생겼을지도 모른다. 하지만 피해자는 안성에 사는 사람인데, 천안까지 와서 합의서를 제출해 주었다. 어쩌면 피해자는 자기가 김씨를 고소해서 징역 8월의 형을 받은 것을 알면, '아니, 나는 다 용서했고 괜찮은데 굳이 뭣 하러 그렇게 형을 세게 하나? 그보다 백배 천배 더 많은 피해를 끼친 사람들도 잘만 집행유예 받던데'라고 반문할지도 모른다.

그러면 법원은 이렇게 말할지 모른다. '여러 번 동종의 죄를 범했으니, 사법부는 봐줄 수 없다. 피해자가 중요한 것이 아니라, 사회 정의가 중요하고 원칙이 중요하고 양형 기준이 중요하고 법이 중요하다.'

과거에 강제추행은 반의사불벌죄(反意思不罰罪)였다. 피해자가 합의해 주면 죄가 안 되는 죄였다. 수십 년간 강제추행이 반의사불벌죄였던 것은 무엇보다도 피해자의 의사가 중요했기 때문일 수 있다. 하지만 피해자와 합의하는 과정에서 생기는 2차 피해 등으로 인해 2013년에 반의사불벌죄에서 제외되었다. 그와 같은 개정 방향은 기본적으로 옳을 것이다. 강제추행은 많은 잠재적 피해자가 생길 수 있으니 예방 차원에서라도 근절해야 한다고 볼 수 있다.

하지만 김씨가 징역형을 받게 됐으니, 연로한 부모를 위해 김씨가 짓던 비닐하우스 농사는 이제 누가 대신할 수 있을까. 김씨가 구치소에 있는 동안 그 부모, 형제자매는 멀리서 몇 시간 차를 타고 면회를 다녀야 할 것이다.

이 사건을 변호하면서, 김씨가 죄인이라기보다 환자라는 생각이 들었다. 원래의 유약함이 소방관으로 근무하면서 트라우마로 변해서인지, 아니면 본인 말대로 자신도 잘 모르는 다른 심리적 이유 때문인지 모르겠지만, 김씨는 치료가 필요한 사람이지 사회와 격리해 가둬 두어야 할 사람이 아니었다.

김씨의 동생이 문자 메시지로 물어왔다. 형이 구속된 상태에서 그전처럼 일주일에 한 번씩 서울에 정신과 치료를 받으러 다니는 것이 가능할까요라고. 답변을 보냈다. 그건 어려울 겁니다라고.

1심 결과가 나온 후에 의기소침한 기분이 들었다. 재판이 진행 중이던 시기에 김씨의 어머니가 직접 기른 농작물을 보내와 동료 직원들과 나눈 적이 있기에, 내가 침울해하는 결과를 들은 그들도 안타까워했다.

어떤 범행에 대하여 사회예방적 측면을 중시하면, 피고인이 강하게 처벌을 받을 수밖에 없다. 반성 여부와 상관없이, 범행을 한 사람을 강하게 처벌하는 것이 옳을 수도 있다. 하지만 사건에 따라서는 피고인의 사회 복귀가 더 중요할 수 있지 않을까. 징역형이 틀렸다고 할 수 없다는 것을 알면서도, 누구를 위하여 종은 울리는가라는 생각의 여운이 강하게 남는다.

재판부 복불복

　　민사 소송 당사자 입장에서는 좋은 변호사를 만나는 것만큼 좋은 판사를 만나는 것이 중요하다. 여기서 후자의 '좋은'이란 자기 입장에서 생각해 줄 수 있는 판사를 말한다. 판사 100명 중 100명 모두 유죄라고 생각하는 사건도 있지만, 100명 중 10명이 무죄라고 생각하는 사안도 있다. 물론 100명 중 2~3명만 무죄라고 판결하는 사건도 있다. 하여튼 어떤 판사를 만나느냐가 민사 소송 당사자나 형사 소송 피고인에게는 무척 중요한 일이다.

　　변호사 상담이 들어왔다. 경찰공무원인데, 공문서를 허위로 작성한 사건이었다. 그는 누군가를 알게 되었는데, 그 사람이 그의 약점을 잡고 경찰 내 근무평점, 근무신청서 등을 위조하라고 시켜서 마지못해 위조한 사건이었다. 허위공문서작성죄는 7년 이하의 징역 또는 2천만 원 이하의 벌금형이 법정형이라서, 경찰의 직위를 유지하려면 반드시 선고유예를 받아야 했다.

하지만 내 양형 감각으로는 아무리 봐준다고 해도 법원에서 선고유예를 해주지는 않을 듯했다. 즉 내가 판사라면, 선고유예 판결을 내리지 않을 것 같았다. 실형까지는 아니어도 집행유예 또는 잘하면 벌금형이지, 선고유예는 너무나 불가능해 보였다.

그 사건을 나한테 가서 상담하라고 소개한 분에게도, 상담하러 온 분에게도 이 사건은 진행하기 어렵다고 말했다. 의도대로 안 되는 사건을 되는 것처럼 할 수는 없었다. 그래서 그다지 내키지 않았다. 양심에 찔린다고나 할까. 막상 형사 사건들을 진행해 보면, 훨씬 더 봐주어도 되는데 법원이 꿈쩍도 하지 않는 경우가 있기에, 그 사건을 수임하지 못한 것에 아쉬움도 미련도 없었다. 오히려 정직한 변호사로서의 역할을 한 것 같아 스스로 뿌듯한 마음도 없지 않았다.

그러고 나서 조금 세월이 지나, 그 사건을 나한테 상담하라고 소개한 분과 이런저런 이야기를 나누다가, 그 사건 이야기가 나왔다. 선고유예 판결을 받았다는 말을 들었다. 어떻게 선고유예를 해줄 수 있었을까, 깜짝 놀랐다. 아마 판사 100명 중 1~2명만 그런 과감한 판결을 할 수 있을 것이다. 양형 기준과는 조금 달라도 피고인이 경찰로서의 직무를 그동안 성실히 수행했고, 공문서를 허위작성했지만 협박을 받은 사정을 감안했을 것이다. 하지만 협박죄가 성립해서 사안이 무죄가 되지 않는 이상, 협박을 받아 공문서를 위조한 것은 양형 사유에 해당한다.

여러 생각이 들었다. 이보다 훨씬 가벼운 사안이어도 선고유예는커녕 벌금형조차 안 해 주는 재판부도 있고, 굳이 실형까지 필요해 보이지 않는데 실형을 내리는 재판부도 있다. 사건을 맡은 변호사가 물론 열심히 했겠지만, 피고인이 참 운이 좋구나, 좋은 판사를 만났구나라는 생각이 들었다.

조금 반성도 되었다. 결과를 떠나 일말의 가능성이 있다면 내가 맡아 열심히 했어도 되는 사건이었는데, 너무 지레 겁먹고 못 한다고 한 게 아닐까.

변호사가 빡빡하면 사건을 수임하기 어렵다. 가능성이 희박합니다, 이 사건은 불가능합니다, 확률이 거의 없습니다라고 하면 의뢰인은 발걸음을 돌리기 마련이다. 누구나 희망의 말을 듣고 싶어 한다.

내가 생각하는 양형 기준이 전부가 아닐 수 있다. 조금 더 열

린 마음으로 사건을 수임해야 하지 않을까. 내 의뢰인도 운 좋게

좋은 판사를 만날지 모르니까.

곰 만나면 죽은 척하지 말라

어린 시절 『이솝우화』에서 곰을 만나면 죽은 척하면 된다는 이야기를 읽었다. 하지만 곰이 자주 출몰하는 외국 어느 지역의 "당신이 곰을 만난다면(If You Encounter A Bear)"이라고 적힌 간판에는 "침착하고, 뛰지 말고, 죽은 척하지 말라."는 경고가 있다.

우리가 막연히 알고 있는 상식과 상반된 내용이다. 잘못된 상식을 외우고 있었다(예외적으로 갈색 곰에게 통하는 경우도 있다고는 하지만). 죽은 척하는데 곰이 밟고 지나가면 뼈가 으스러진다. 곰은 엄청 무거우니까.

법은 상식이다. 여러 관행과 경험칙이 녹아들어 법이 만들어진다. 하지만 상식에 원칙만 있는 게 아니듯, 법에도 원칙과 예외가 있고, 그 예외에 또 예외가 있다. 돈을 빌리면 갚는 게 원칙이고, 타인에게 손해를 끼치면 배상하는 게 원칙이다. 다만, 돈을 빌린 지 10년이 지나면 갚지 않아도 되는 예외가 있고, 손해를 끼친 사람이 정신 나간 사람이면 배상하지 않아도 되는 예외가 있다.

판사 시절에 가끔은 잘못된 상식으로 재판에 임하는 사건 당사자들이 있었다. 어디서 들었는데 자기가 맞다는 것이다. 그것은 법이 아니다라고 설명해도 그런 법이 어디 있냐고 따지는 사람들이 있다. 때로는 어디서 원칙만 듣고 와서 생떼를 부리는 사람들도 있다. 당장 그 원칙대로 판결해 달라고 요구하고, 자기가 이기는 것이 맞다고 우긴다. 본인의 사건은 예외에 해당하는데도 불구하고.

판사도 사람인지라, 맡겨둔 돈이나 보따리를 내놓으라는 식의 행동을 싫어하기 마련이다. 민사재판에서 변론을 하거나 형사재판에서 무죄나 양형을 주장할 때에도, "제 생각은 이렇습니다만, 결정은 판사님이 하시는 것이지요."라고 해야 하지, "내 생각이 맞는데, 왜 안 해주십니까?"라고 하면 안 된다. 원하는 판결문을 내놓으라는 식의 접근은 심히 곤란하다.

『천일야화』에서 페르시아의 술탄(왕) 샤리아는 부정한 일을 저지른 왕비를 처단한 후 모든 여성을 혐오하여, 매일 새 신부를 맞이했다가 다음 날 죽이는 일을 반복한다. 그런데 어느 날 신부로 온 재상의 딸 셰에라자드가 술탄에게 재밌는 이야기를 들려주다가 동트기 전에 클라이맥스에서 "뒤의 이야기가 더 재밌는데, 만일 술탄께서 하루만 더 살게 해주시면 오늘 밤 이야기를 마저 해드리겠습니다."라고 간청한다. 그러자 술탄이, 그럼 하루 더 살려주지라고 해서 1001일 동안 이야기가 계속되어 해피엔딩으로 끝난다. 재상의 딸은 이른 아침에 이야기를 중단할 때마다, 술탄에게 결정권이 있다는 것을 잘 안다고 말한다. 그렇게 말하면 당연히 보전할 수 있는 자신의 목숨을, 술탄에게 당장 내놓으라고 말하지 않는다.

재판을 받을 때 잘못된 지식을 내세우면서 무조건 자신이 옳다는 식으로 접근하면 위험하다. 자기만 옳다고 핏대 세우는 자를 반기는 사람이 어디 있겠는가.

판사도 자주 보면 정든다

형사 재판을 하던 시절의 사건이다. 피고인은 시내 모처에서 늘 술을 먹고 영업을 방해해 온 사람이다. 큰 전과는 없지만 자잘한 전과가 많다. 이 식당에서 막걸리 마시고 행패 부리고 돈 안 내고, 저 식당에서 소주 마시고 어깃장 놓고 돈 안 내고, 그런 게 쌓이고 쌓여 식당 주인들이 참고 참다가 경찰에 고소해서 구속되어 재판을 받게 됐다.

그는 공소 사실에 등장하는 여러 장소와 시간의 사건 중에서 유독 몇 건은 자기가 하지 않았다고 주장하였다. 목숨을 걸고 맹세컨대 그건 제가 하지 않았다라고 항변하였다.

사실 판사 입장에서는 수많은 건 중에서 몇 건이 업무방해인지 아닌지에 따라 형이 거의 달라지지 않는다. 마음 같아서는 검찰이 그 건들만 공소 취소 해주면 좋을 듯한데, 수사를 한 경찰이나 검찰은 이미 피해자 진술까지 확보한 터라 함부로 일부 공소를 취소하지는 않는다. 아니 공소 취소를 하지 못한다고 보는 편이 맞을 것이다.

왜 재판이 길어졌는지 잘 기억나지 않지만, 아마도 사건이 추가로 병합되고 피해자가 법정에 증인으로 몇 번 나오지 않아서였던 듯하다. 기소된 다른 사건으로 다시 영장을 발부할 수도 있지만, 1심이든 항소심이든 단일 사건의 경우에는 통상 6개월 내에 재판을 마쳐야 한다.

피고인이 법정에 네댓 번은 나왔을 것이다. 물론 구속된 상태이니 경찰이 호송차에 태워 대동해서 왔다. 피고인은 나올 때마다 소리를 고래고래 지르며 자기는 억울하다고 하소연했다. 그러다 구속 기간인 6개월이 다 차서, 일단 피고인을 석방시켰다.

내심 걱정이 되었다. 구속된 상태에서도 저렇게 성난 호랑이 같은데, 불구속 상태에서 재판을 받으면 또 얼마나 펄쩍펄쩍 뛰면서 자기 주장을 할는지.

불구속 상태에서 다음 공판 기일이 왔다. 한여름이었다. 매번 펄쩍펄쩍 뛰던 피고인이 왠지 차분해졌다. 본인이 인정하지 않던 나머지 공소 사실도 그냥 모두 인정하겠다며 의견을 번복했다. 그동안 매번 소리를 지르며 다투다가 갑자기 왜 이리 차분해졌지 물어보았다.

"아니, 전에 구속되어 재판을 받으실 때에는 절대 안 했다고 열심히 다투시더니, 왜 입장이 바뀌었나요?"

피고인이 답했다.

"안에 있을 때에는 밥도 주고 편했는데, 바깥날이 덥고 일용직으로 매일 일하다 보니 사는 게 너무 힘이 듭니다. 그냥 다 인정할랍니다."

아마 선고는 집행유예를 한 듯하다. 양형 기준상 실형을 선고할 수도 있고 집행유예를 선고할 수도 있는 사건이었지만, 피고인이 기세등등하다가 풀죽은 모습이 왠지 안쓰러웠다. 판사도 사람인지라 자주 보면 피고인에게 정이 드는 듯했다.

한편 변호사로서 사건을 진행하다 보면, 음주운전같이 재판을 굳이 여러 번 할 필요가 없는 사건들이 있다. 판사도 대체로 1회 공판 기일에 결심을 한다.

하지만 어떤 경우에는 피고인 신문을 할 기회를 달라고 하거나 다른 핑곗거리를 만들어 어떻게든 공판 기일을 한 번 더 속행하려고 노력하기도 한다. 실형이냐 집행유예냐, 집행유예냐 벌금이냐를 왔다 갔다 하는 사건은 판사를 한 번이라도 더 보는 게 낫다고 생각하기 때문이다.

변호사는 피고인의 편에 서기에 사건보다 사람을 더 크게 느끼지만, 반대로 판사는 사람보다 사건을 더 크게 느낀다. 사건을 크게 느끼면 좀 더 건조하게 원칙대로 처리하게 된다. 그런데 사람을 크게 느끼게 되면 조금이라도 더 고민하고 더 봐주고 싶은 마음이 든다. 판사도 사람인지라.

피고인을 사건이 아닌 사람으로 부각시키려면 한 번이라도 더 판사 앞에 노출시켜야 한다. 누구든 자주 보면 부지불식간에 정이 들기 마련이니까. 영화배우는 관객 개인에게 티끌만큼도 관심이 없지만 관객이 배우의 팬이 되는 이유는 배우가 날아다니고 뒹굴고 멋진 표정 짓는 모습을 2시간이나 영화로 보기 때문이다. 가수의 팬클럽에 드는 이유는 그의 음악을 반복해서 듣고 그가 노래하는 멋진 모습을 보기 때문이다. 오래, 자주 노출되기에 친밀감을 느끼는 것이다.

누군가에게 어필하려면 자신을 상대에게 노출해야 한다. 처음에는 못나 보여도 자주 보면 나중에는 어딘가 이쁜 구석이 보이기도 하니까.

사람들은 법정에서 수도 없이 거짓말을 한다

기실 재판은 법리보다 진실과 거짓을 가리는 작업이다. 사람들은 법정에서도 엄청나게 거짓을 이야기한다. 거짓을 이야기한다고 단정할 수밖에 없다. 왜냐하면 원고와 피고의 이야기가 서로 반대인 경우가 많기 때문이다. 피해자와 피고인의 이야기가 서로 상충하는 경우가 다반사이다. 이야기가 상반되면 둘 중 한 명은 거짓말을 하는 것이다.

판사는 누가 거짓을 이야기하고 누가 진실을 이야기하는지에 촉각을 세울 수밖에 없다. 예컨대 피해자의 말이 진실이면 피고인은 징역 3년 형을 받아야 하고, 피고인의 말이 진실이면 피고인은 무죄이기 때문이다.

그런데 누구의 말이 진실인지 판단함에 있어서는 판사의 경험과 상식이 작용할 수밖에 없다. 판사가 일생의 삶을 통해 얻은 직관이 진실과 허위를 가리는 잣대가 되고, 일을 하면서 축적한 경험이 참과 거짓을 가리는 척도가 된다.

문제는 세상의 수많은 일 중에는 상식과 동떨어진 일이 있고, 개인의 경험과 상반되는 일이 발생한다는 데 있다. 비좁은 골목에서 두 차가 부딪쳤는데, 한 차가 다른 차의 운전석을 들이받았다. 그러면 누구나 상대방의 운전석을 부딪친 차가 잘못했겠구나라고 생각하게 된다. TV에 나오는 변호사의 말처럼 과실비율 90 대 10입니다라고 속단하게 된다.

그런데 실제로는 운전석을 들이받은 차는 그 골목에서 주행해야 할 시속 20킬로미터를 준수하고 있었는데, 운전석이 들이받힌 차는 시속 90킬로미터로 골목을 지나고 있었다. 순식간에 지나가던 차가 운전석을 들이받힌 것이다.

사건이 재구성된다. 사고 현장의 모습과 달리 운전석을 들이받힌 차의 과실이 훨씬 더 커진다.

이러한 비상식적인 일이 발생할 수 있고, 통상적으로 일어나는 일도 경험에 반하여 일어날 수 있다. 경험과 상식이 진실과 괴리된다.

다른 예를 보자. 원고는 다른 사람들과 동업을 해서 공장 건물을 짓기로 했다. 그런데 짓다 보니 자기가 배정받은 땅에 공사 비용이 많이 들었다. 비용 부담을 두고 다툼이 생겼다. 원고는 전체 공사 비용을 N분의 1씩 분담하는 것으로 청구했는데, 판결은 원고가 배정 받은 땅에 공사 비용이 많이 들었으니 N분의 1씩 분담하는 것은 불공평하므로 원고의 청구를 기각하는 것으로 났다. 실제로 아무리 N분의 1씩 분담하기로 했어도, 판사가 볼 때, '네 땅에 공사하는 데 비용이 많이 들었으니, 네 주장은 내 상식과 다르다'는 말이다. 때론 진실이 상식 앞에 무릎을 꿇는다.

상식과 실제가 다른 경우에 뜻밖의 판결을 받은 사람은 억울할 수 있다. 하지만 증거가 마땅치 않으면 부당함을 수용하는 수밖에 없다. 사람이 하는 재판이라 모든 면에서 완벽할 수는 없다.

아마 판사가 증인 신문에서 드러나는 거짓말을 모두 위증죄로 고발한다면, 우리나라는 위증사범으로만 교도소가 채워질 수도 있다. 위증사범 전문 교도소를 새로 지어야 할 것이다. 사람들은 법정에서 수도 없이 거짓말을 한다. 자기가 편드는 쪽에 유리한 내용으로 진술하기 위해 기를 쓴다.

상대방 변호사가 물어보는 질문에는 내용도 제대로 듣지 않고 '아니오'라는 말부터 한다. 피해자를 증인 신문 하면 피고인 변호사의 질문에 일단 부정부터 하고 본다. 심지어 자신에게 유리한 사항을 물어봐도 '아니오'라고 하는 경우도 종종 있다.

판사로 있을 때 증인이 진실을 이야기하는지 거짓을 이야기하는지 눈을 열심히 살펴보던 시절도 있었다. 심리학 책에서, '사람이 말을 할 때 눈동자가 왼쪽으로 올라가면 기억을 되살리는 것이고 눈동자가 오른쪽으로 올라가면 상상하는 것'이라는 이야기를 읽은 적 있기 때문이다.

하지만 판사가 앉은 법대에서 증인의 눈동자까지는 거리가 멀다. 무엇보다 눈이 작은 사람은 어느 쪽으로 눈동자가 올라가는지 보이지도 않는다. 눈을 보고 거짓과 진실을 구분하는 것은 포기하게 된다.

거짓과 진실을 구별하는 능력은 삶의 경험이 축적되면 더 나아질 것이다. 그렇지만 판사도 사람인지라, 나이 듦에 따라 경륜이 쌓이고 경험이 축적되는 것과 반비례해 노안이 오고 잘 안 들리기도 한다.

코가 길어지지 않는 피노키오

동화를 읽다 보면 의외로 주인공이 잔인하기도 하고, 거짓말도 하고, 나쁜 짓도 많이 한다. 이런 동화를 왜 애들한테 읽힐까. 읽으면서 위안을 얻기 때문이다. 나만 못된 게 아니었네, 나만 자꾸 거짓말을 하는 게 아니었네, 다른 사람들도 그렇구나, 하면서 안도하게 된다. 무의식적으로.

사람은 누구나 불리한 점을 숨기려고 한다. 남에게는 이만큼 진실이 드러났으니 다 인정하라고 다그치지만, 입장이 바뀌면 자신도 똑같이 그렇게 한다. 판사를 하다 보면, 또 변호사를 하다 보면, 우린 모두 피노키오처럼 거짓말하며 살고 있다는 것을 알게 된다. 다만 피노키오처럼 코가 길어지지는 않는다. 그래서 거짓말을 가려내기가 어렵기도 하다.

판사 시절 많이 들은 말 중 하나는, '사건 당사자는 진실의 100을 알고, 변호사는 50을 알고, 판사는 10만 알면서 재판을 진행한다'는 것이다. 아무래도 판사는 진실의 일면밖에 볼 수 없다. 그런데 막상 변호사를 해보니 진실의 50을 아는 경우도 있지만 판사처럼 10밖에 모르는 경우도 허다하다.

"변호사에게는 진실을 다 말해 주어야 합니다.", "의뢰인에게 불리한 점은 절대 판사에게 이야기하지 않습니다."라고 말해도, 사람들은 본능적으로 자기한테 불리한 것들을 숨기고 축소한다. 변호사가 세세한 내막까지 다 알면서도 그것을 숨기고 변론하는 경우도 있지만(변호사에게는 의뢰인에 대한 비밀 유지 의무가 있으니까), 사건 당사자의 주장을 반신반의하면서도 믿어주며 변론하는 경우가 더 많지 않을까.

사람은 상대가 누구든 잘 보이고 싶어하는 본능이 있다. 아무리 자기가 잘못을 저질렀어도 자기를 합리화하고 미화한다. 그러니 아무리 자기를 변호해 주는 변호사라 할지라도 그에게 모든 사실을 밝히지는 못한다. 사실을 말했을 때 돌아오는 차가운 시선이 얼마나 사람을 군색하게 만드는지 알기에.

사건 당사자의 말만 믿고 서면을 냈다가 나중에 밝혀지는 진실 때문에 당황하게 되는 것은 변호사의 몫이다. 사람들이 거짓말을 하고, 진실을 숨기거나 축소하는 모습은 어쩌면 인지상정이다. 진실의 등불 앞에 초라한 나신(裸身)을 드러내고 싶은 사람이 있을까. 피고인이 자백하지 않으면 반성하지 않는 것으로 여겨져 형이 더 세게 선고되기도 한다. 하지만 유불리(有不利)를 떠나서 누구나 남루(襤褸)한 진실을 드러내고 싶어하지 않는다.

횡령죄를 현장검증 한다고?

　　교통사고가 났다면 현장을 볼 필요가 있을 것이다. 상해죄의 무죄 여부를 다툰다면 사건 현장에서의 동선을 살펴봐야 할지 모른다. 하지만 횡령죄 성립 여부는 통상 문서와 증인으로 판단해야 하므로 횡령죄 현장검증을 한다고 하면, 법조인들은 열의 열 그게 무슨 말이냐고 할 것이다. 횡령죄는 쉽게 말해, 자기가 보관하고 있는 다른 사람의 재물을 꿀꺽하는 죄이다.

　지방에서 형사 항소심 부장을 하던 때였다. 보육원 원장이 원생들의 수급비를 꿀꺽했다고 하여 기소된 사건이 있었다. 보육원에는 고아나, 부모의 돌봄을 받을 수 없는 초중고 학생들이 있었다. 그러한 애들한테는 국가에서 월 최대 70만 원의 기초수급 급여가 제공된다. 그 돈을 원장이 받아 마음대로 썼다는 것이 기소 내용이었다.

1심에서 이미 선고유예 판결을 받았다. 선고유예는 형 중에서 거의 제일 약한 형이다. 2년이 지나면 그 형이 없었던 것처럼 된다. 물론 전과 기록은 남겠지만. 선고유예를 받았다는 것은 죄는 인정되나 그래도 봐줄 만한 사정이 많다는 것이다. 법원에서 최대한 선처를 해주었다는 징표이다.

일부 돈을 용도에 맞지 않게 쓴 것은 지출 내역에서 알 수 있으므로, 그냥 선고유예를 유지하는 항소 기각 판결을 하면 되는 사안이었다. 횡령에 고의가 있었는지는 정황으로 파악할 수밖에 없는 만큼, 용도에 맞지 않게 쓴 일부만으로도 유죄를 유지할 수 있었다.

그런데 피고인인 원장은 무죄를 강하게 주장했다. 국선변호인도 바득바득 무죄를 호소했다. 피고인이 자신의 이익을 위해 쓴 것이 절대 아니라고. 귀찮은 마음이 없지 않았으나, 그럴 수도 있겠다는 생각이 약간은 들었다.

TV에서, 신문에서, 보육원이나 고아원을 운영하며 사리사욕을 추구하는 경우를 많이 봤기 때문에 그런 시설을 운영하는 분들이 과연 얼마나 깨끗할까라는 편견이 좀 있었다. 각종 구호 단체에서 돈을 받아 운영진이 호의호식(好衣好食)하는 경우도 종종 보았기 때문에 기본적으로 그런 단체를 볼 때 색안경을 쓰고 있었다.

재판을 진행하던 기간 중에 현장검증을 가겠다고 했다. 현장에 가서 보육원 시설을 보겠다고 했다. 보육 아동들이 어떻게 살고 있는지, 시설은 어떤지를 봐서, '거봐, 내가 이럴 줄 알았어. 말만 그럴듯하게 하고 애들은 이렇게 열악한 시설에서 살고 있을 줄 알았다니까. 선고유예만으로도 감지덕지지. 무죄를 운운하다니 참 뻔뻔하다'라고 하며 자기 확신을 하고 싶었고, 유죄로 확정하고 싶었다.

현장검증을 가겠다고 하니까, 검사가 뭘 잘못 들었나 하는 얼굴로 나를 쳐다보았다. 영화 대사처럼, "판사님, 뭘 잘못 드셨나요?" 하는 눈초리였다. 국선변호인도 자신의 귀를 의심했다. 참여관인 사무관도, 실무관도 의아한 눈빛으로 나를 보았다. 횡령죄에 대한 현장검증이라니. 어쩌면 법원 역사상 이런 사건의 현장검증은 전무후무한 일일지 모른다.

하여튼 현장검증 기일에 현장검증 장소인 보육원에 도착했다. 사무관은 "현장 조서에 뭘 기재하죠?"라고 물었다. 그도 그럴 것이 돈을 횡령했다는 것이 기소 내용인데, 보육원에서 시설을 둘러본들 조서에 뭘 쓸 수 있을 것인가. 그냥 현장 상황을 적당히 기재하시라고 했다. 사진도 적당히 찍어서 붙여놓으시고.

하지만 보육원은 나의 기대를 저버렸다. 깔끔하고 깨끗했다. 물론 현장검증을 나온다고 하니 청소를 하고 정리도 했겠지만, 그 얼마 안 되는 시간에 이렇게 꾸며놓을 수는 없었을 것이다. 어떤 애의 방에는 대형 TV가 있었다. 말끔한 침대와 커튼, 아일랜드 식탁이 있는 주방, 그리고 쌓여 있는 간식거리들. 보이는 몇몇 애들의 표정도 편안하고 밝았다.

당시 나는 법원에서 제공하는 관사인 아파트에 살고 있었는데, 보육원이 더 아늑하고 좋아 보였다. 거기에 살고 싶은 생각이 들 정도였다.

막상 보육원에 가 보니, 보육원을 정성껏 운영하고 있는 피고인의 진심을 알 수 있었다. 피고인은 목사였고, 목사 부부가 사재를 털어 운영해 왔다. 나름 최대한 좋은 시설을 갖추고 운영하느라 빚이 생겼고, 그 빚을 갚으려고 수급비를 쓴 것이다. 국가에서 나오는 수급비가 피고인인 목사의 개인 통장에 입금되어 들고났지만, 전체적인 그림으로 볼 때 수급비가 보육원을 위해 쓰였음이 느껴졌다.

다시 기록을 살펴보고, 횡령에 고의가 있었는지에 대해 구구

절절한 설명을 붙여서 무죄 판결을 내렸다. 기록에 나타난 여러 사정을 감안하여 횡령에 고의가 없고 불법 영득(領得) 의사가 없다고 판단했다. 이 사건은 대법원에서 그대로 확정되었다.

변호사로서 사건을 진행하다 보면, 어떤 경우에는 재판부가 너무 형식적으로 사건을 보는구나 하는 생각이 들 때가 있다. 시작부터 편견을 가지고 보고 있다는 생각이 들기도 한다. 그런 재판에서는 변호사가 아무리 기를 쓰고 변호를 해도 돌벽에 계란 던지기가 될 수밖에 없다. 어쩌면 피고인을 변호하는 입장이다 보니, 나 자신이 피고인 편에 서서 편향적으로 볼 수도 있다.

만약 재판에서 자료에만 근거해 종래의 법리와 양형 기준에 딱딱 맞추어 판결한다면 인공지능(AI)도 할 수 있을지 모른다. 판사의 미덕은 나쁜 이는 더 엄하게 판결하고 좋은 이는 더 유하게 판결하는 데 있는 게 아닐까. 법리에 기속(羈束)되고 양형 기준에 매몰되어 편차 없는 재판을 하는 것보다, 봐줄 사람은 화끈하게 봐주고 나쁜 인간은 확실하게 응징하는 들쑥날쑥한 재판을 하는 판사가 더 바람직하지 않을까.

결론만 주목받는 판결문, 하지만 판사는

판사는 판결문을 쓰는 데 심사숙고한다. 간혹 알맹이 없는 판결문을 써서 소송 당사자와 변호사를 당황하게 하는 경우도 있지만, 거의 대부분의 판결문에는 판결 이유가 상세히 적혀 있다. 어떤 판사는 판결문을 다 써 놓고도 표현을 고치고 또 고쳐서 선고한 지 한참 지나서야 판결문을 전산에 등록한다.

요즘 법원에서는 일주일 내에 판결문을 반드시 등록해야 하지만, 예전에는 한 달이 지나도록 판결문이 당사자들에게 전달되지 않는 경우가 심심찮게 있었다. 그러면 변호사가 나서서, 패소한 내용도 괜찮으니 제발 판결문 좀 보내달라고, 그래야 항소라도 하지 않겠냐고 호소하기도 했다.

판결문 전달이 늦더라도 판사가 판결문을 쓰지 않은 경우는 거의 없다. 선고 기일에 쫓겨 판결문의 결론만 내고 뒤늦게 판결문을 완성하기도 한다(이런 경우를 외상 판결이라고 한다). 또한 판결문을 작성하고도 세부 표현이 마음에 들지 않아 퇴고를 거듭하는 습관이 있는 판사는 판결문 등록이 늦을 수밖에 없다.

단독판사 재판이 아니라 합의부 재판의 경우, 재판장에게 그런 성벽(性癖)이 있으면 배석 판사들이 무척 힘이 든다. 이미 몇 주 전에 판결문 초고를 작성해서 재판장에게 보냈는데 선고가 끝나고 몇 주가 지난 뒤에야 재판장이 불러서 내용을 다시 물어본다. 그 사이 수십 건의 판결문을 써서 기억이 가물가물한데, 판결문의 특정 문장을 어느 기록을 보고 쓴 거냐고 물어보면 갑갑할 수밖에 없다.

하여튼 대부분의 판사는 기록을 먼지떨이로 탈탈 털 듯이 해서 각 주장을 이런저런 이유로 받아들이거나 배척한다. 문제는 그러한 빡빡한 판결이 당사자에게는 큰 의미가 없다는 것이다. 당사자에게 중요한 것은 판결의 내용이 아니고, 판결의 결론이다. 자신은 사기를 치려고 한 게 아닌데, 판사가 이런저런 점들을 근거로 사기라고 결론 내면 억울할 뿐이다. 마찬가지로 원고는 자기가 다른 사람의 공사 비용을 대신 부담한 것뿐인데, 그걸 피고가 부담할 이유가 없다고 하면 억울할 뿐이다. 판결문의 구구절절한 설명은 이미 필요 없게 된다. 읽어 볼수록 수긍이 안될 뿐이다.

물론 일반인의 법감정은 법 전문가의 판단과 괴리가 있을 수 있다. 그럼에도 불구하고, 사실이 존재하지만 그것을 입증하기 어렵다든지, 나름 입증했다고 생각하는데 받아들여지지 않는다든지 하면, 자신의 주장과 반대되는 내용을 조목조목 기재한 판결문을 보고 수용할 수 있는 당사자는 없다. 그런가 하면, 재판에서 이긴 쪽 역시 판결문의 내용이 중요하지 않다. 이겼으니 더더욱 상관없는 것이다.

이러나저러나 당사자에게 중요한 것은 판결문의 결론이다. 판결의 이유를 장황하게 쓸 필요가 없다. 그 많은 주장과 증거 중에서 어떤 주장을 왜 받아들였는지를 솔직하게 짧게 쓰면 된다. 무죄를 배척하는 이유를 가장 중요한 것 몇 가지만 쓰면 된다. 무죄를 인정할 때에도 마찬가지다.

변호사의 입장에서는 되는 말, 안 되는 말을 모두 써서 투망식(投網式) 변론을 할 수밖에 없지만, 판단하는 입장에서는 가장 중요한 것 세 가지만 쓰면 된다.

어떤 판단을 하는 데 이유가 열 가지라고 하더라도 열 가지가 다 동등한 무게를 갖는 것은 아니다. 중요한 몇 가지 이외의 나머지 논거는 사실 별 증거력 없는 부차적인 경우가 많고, 어떤 결론을 택해도 조금 변형하면 쓸 수 있는 변신로봇 같은 것들이다. 결정적인 것 딱 세 가지만 쓰면 그것으로 충분하다. 우리가 무엇을 고민할 때, 마음을 그쪽으로 가게 하는 것 역시 결국 딱 세 가지 정도가 아닐까. 아무도 관심 가지지 않는 사족을 덧붙이느라 애써 고민하고 고생할 필요가 없다.

Ⅱ

법은 욕구를 배제하는 이성

—••••—

법은 너무 느슨하면 지켜지기 어렵고,

너무 엄격하면 집행하기 어렵다.

벤저민 프랭클린

아빠, 우리 꼭 기생충 같아

변호사를 하다 보면 만나는 의뢰인도 천차만별이다. 하루가 멀게 전화하면서 변호사를 최대한 활용하려는 의뢰인도 있고, 사건을 맡기고는 찾아오지 않아 준비서면을 작성하는 데 애를 먹이는 의뢰인도 있다. 올 때마다 뭐라도 들고 오는 의뢰인이 있고, 사건이 성공적으로 마무리된 후에 주기로 한 성공보수를 주지 않거나 처음에 약속한 수임료를 최대한 깎아보려는 의뢰인도 있다.

같은 법무법인에 근무하는 박 변호사는 지방에서 음식점을 크게 하는 의뢰인의 이혼 소송을 맡았는데, 의뢰인이 자기 지방에 놀러올 일 있으면 꼭 알려달라고 했다. 여름 휴가철이 다가와 마침 그 지방으로 가족 여행을 가볼까 했는데, 의뢰인의 거듭된 강권에 연락해 보니, 너무나 반기는 기색으로 자기 별장에 와서 묵으라고 했다. 바다가 보이는 2층짜리 주택이었다. 박 변호사의 부인은 괜히 의뢰인에게 폐 끼치는 것 아니냐며 망설였지만, 박 변호사는 괜히 비싼 숙박비 내고 호텔에 묵지 말고 한번 가보자고 설득했다.

그리하여 박 변호사의 가족이 그곳으로 가보니, 그냥 별장만 이용하는 것이 아니었다. 의뢰인은 이불과 베개를 모두 새것으로 들여놓았고, 냉장고에 고기와 맥주 같은 음식도 꽉 채워 두었다. 한 가족 3명이 먹기에는 너무 많은 양이었고, 서너 가족이 모여야 소화할 수 있을 정도였다. 저녁으로 냉장고에 있는 고기를 구워 먹으려고 하는데, 의뢰인한테서 전화가 왔다. 회를 좀 썰어 보낸다고 했다. 인편으로 보낸 회 역시 양이 만만치 않았다. 아마 음식 사업을 크게 하다 보니 손이 크고 마음이 넓은 사람인 듯했다. 다른 사람한테 베풀고 잘해주는 것을, 인덕을 쌓는 것을 본인의 사업 성공 비결로 여기는 사람인 것 같았다.

과분하게 받는 것 같아 송구했지만, 성의를 무시할 수는 없었다. 호의를 받은 만큼, 의뢰인의 사건을 좀 더 열심히 진행해서 꼭 좋은 결과를 이끌어내야겠다는 생각을 했다.

냉장고에 가득 찬 맥주를 몇 개 꺼내 한가하고 부담 없는 여름 휴가를 만끽하고 있는데, 이층에서 내려오던 중학생 딸이 말했다.

"아빠, 우리 꼭 기생충 같아."

다들 폭소를 터뜨리지 않을 수 없었다.

어쩌면 변호사라는 직업에 그런 면이 있는 것 같다. 어려움에 처한 사람을 법률적으로 도와주지만 변호사의 업무는 기본적으로 생산적인 일이 아니다. 무엇을 새로 만들어내거나 유통하는 일이 아니다. 이미 벌어진 사건을 수습하는 일이고, 이미 발생한 손해를 최대한 줄여주는 일이다.

씁쓸하지만, 박 변호사는 영화 「기생충」을 본 딸아이의 말에 왠지 가슴이 뜨끔했다.

실수하는 꼰대

법원에는 '벙커(bunker)'라는 별칭이 있다. 합의부에서 배석판사를 힘들게 하는 부장판사를 가리키는 말이다. 정확한 어원은 모르겠지만, 골프를 치다가 공이 모래구덩이, 즉 벙커에 들어가면 몇 번을 쳐도 거기서 빠져나오지 못하고 타수를 왕창 잃게 되는 것처럼, 아랫사람인 배석판사를 엄청 힘들게 하는 부장판사를 벙커라고 칭한다.

일적으로 힘들게 하는 경우도 있고, 생활적으로 힘들게 하는 경우도 있다. 저녁 시간 서울중앙지방법원 앞에 가면 큰길에서도 판사들 방에 불이 켜진 것을 볼 수 있는데, 어떤 부장판사가 자기 배석판사의 방이 어딘지를 정확히 알아두었다가 불이 꺼

졌나 켜졌나를 보고 일을 하는지 안 하는지 사실상 감시했다는 이야기는 이미 고전에 속한다. 각양각색의 벙커 부장판사 이야기가 있다.

또 세월이 지나 이제는 벙커 부장판사만 있는 게 아니다라는 생각에서, 일을 엉터리로 해 부장판사를 힘들게 하는 배석판사를 가리켜, 벙커를 비틀어 '벙키'라고 부른다. 벙커라는 표현을 쓰는 것도 실상 어색하지만, 벙키라는 말은 더더욱 국적 없는 단어이기에, 판결문에 표준어를 쓰려고 고집하는 판사 집단에서 공공연하게 사용되는 것이 좀 아이러니하기도 하다.

아무튼 부장판사와 배석판사의 관계에서는 부장판사가 힘센 실력자일 수밖에 없다. 재판부의 구조도 그러하지만, 경력 자체가 차이가 나기 때문이다. 법원에 처음 들어온 판사가 일을 잘할 리 없다. 등기부등본도 볼 줄 모르는 배석판사가 써오는 판결문이 처음부터 훌륭할 수는 없다. 큰 실수, 작은 실수가 연거푸 나올 수밖에 없다. 부장판사 중에는 이걸 가지고 심하게 지적하는 사람도 있고, 그럴 수 있다고 넘어가는 사람도 있다.

어떤 조직이든 경력의 차이에 따른 실력의 차이가 존재한다. 자기 밑에 있는 사람이 잘못하거나 실수하면, 세상이 무너진 것처럼 머라하는 상관이 있다. 이런 사람들은 기본적으로 남의 실수에 엄격하고, 자기 실수에 관대하다. 본인이 틀린 것은 사과하는 경우가 없다. 상명하복의 위계(hierarchy)가 몸에 배어 있다. 윗사람은 아랫사람과 위치 자체가 다르다. 마치 전투에서 한쪽은 몸을 은폐한 채 사격을 하고, 다른 한쪽은 사위가 뻥 뚫린 곳에서 사격하는 모양새라고나 할까. 아랫사람의 위치 자체가 불리하다. 배석판사가 판결문을 써서 부장판사에게 가져다주면 부장판사가 고치는 역할을 하니까 배석판사가 혼나게 마련이지만, 거꾸로 부장판사가 직접 써도 배석판사가 고칠 오탈자가 나올 수밖에 없다. 만드는 사람과 그걸 검사하는 사람이 어찌 대등할 수 있을까.

처음부터 일을 잘하는 사람은 없다. 누구나 한 땀 한 땀 배워가는 것이다. 배운다는 것은 단지 지식만 전달 받는 것이 아니다. 가르치는 사람은 배우는 사람의 실수에 관대해야 한다. 누구도 일부러 실수하지 않는다. 자기가 가르치는 자리에 오르기까지 실수하고 잘못한 것들을 기억에서 싹 지운 채, 배우는 사람의 실수에 무척이나 예민하게 구는 사람들을 우리는 '꼰대'라고 부른다.

페르소나와 역할극

'사람'을 뜻하는 영어 person의 어원은 persona이다. 페르소나(persona)는 라틴어로 '탈', '가면'을 뜻한다. 사람은 사회적 역할에 따라 가면을 쓰고 사는 존재라는 통찰이 담겨 있는 단어이다. 그런 역할극을 하는 것은 판사나 검사도 마찬가지다.

형사단독 재판을 할 적에 날카로운 공판검사가 있었다. 피고인이 부인하거나 틀린 말을 하면 엄청 매섭게 쩨려보던 여검사였다. 눈에서 레이저 광선이 나오는 듯했다. 공판검사는 대개 연차가 오래되지 않은 검사가 맡는데, 그 여검사도 검찰에 몸담은 지 일 년이 채 되지 않았다. 나름 근엄하고 엄숙한 표정을 짓지만, 그런 표정이 재판받는 피고인에게 다소 위압적으로 보일지 모르지만, 자세히 보면 애써 짓는 표정이 역력했다. 연기 같다고 나 할까.

형사재판부는 이따금 공판검사, 국선변호인과 함께 재판부 회식을 한다. 검사만 불러서 밥을 먹으면 법원과 검찰이 뭔가 짜는 것 같으니, 공정하게 국선변호인도 함께 밥을 먹는 것이다. 물론 그런 회식을 일 년에 한 번도 하지 않는 재판부도 있지만.

그런데 저녁 회식을 하면서 술잔을 기울이며 이런저런 이야기를 나누다 보니, 그 여검사는 아직 앳된 티를 벗지 않은 대학생 같았다. 미혼인 그 검사는 아마 이십대였던 듯한데, 처음 만난 사람은 웬만해서는 그의 직업을 알아차리지 못할 것 같았다.

내가 형사항소심 재판부에 있을 때 공판검사였던 여검사도 그러했다. 자녀가 있는 기혼녀로 연차가 오래된 검사였는데, 회식 자리에서는 집 근처 호프집에 모여 수다 떠는 동네 아줌마처럼 수더분하고 털털했다.

법정에서 날을 세우며 한사코 피고인 무죄를 주장하던 국선변호인은 유쾌한 기러기 아빠였고, 무표정하게 묵묵히 앉아 사건 입력을 하던 법원 실무관은 회식 자리에서 웃음이 끊이지 않았다. 다들 법정에서 역할에 맞는 가면극을 하다가 회식 자리에서는 그 가면과 의상을 벗고 평소 차림으로 만나는 듯했다. 판사였던 나도 다른 사람이 보기에 마찬가지였을 것이다.

지금은 변호사로서 법정에 들어가다 보니, 친한 동료였던 판사가 진행하는 재판을 이따금 보게 된다. 내가 원래 알고 있던 모습과, 법정에서의 모습이 다르다. 근엄하고도 예리하게 판사 역할을 열심히 수행하고 있다. 그의 눈에는 나도 변호사 역할을 성실히 수행하고 있겠지?

한편, 판사로서, 검사로서 오랜 세월을 보내서, 자리를 떠난 후에도 부지불식간 자신이 계속 판사인줄, 검사인줄 아는 사람이 있다. 가면이 얼굴에 딱 붙어버린 사람이 있다. 법복이 문신처럼 몸에 새겨진 사람이 있다.

판사 시절에 대학 동문인 검사를 우연히 술집에서 만났는데, 그는 거기서도 '검사복'을 입고 있었다. 목에 힘이 잔뜩 들어간 채 내가 무슨 검사인데 하는 듯했다. 아니, 왜 판사를 하는 대학 동문한테까지 검사복 입은 티를 내는지 의아했다. 검찰청에서 그에게 조사를 받은 사람들한테는 오죽했을까 하는 생각도 들었다.

오랜 기간 판사, 검사를 하다 보면 알게 모르게 직업상의 특징이 몸에 배게 마련이다. 오래 입은 새 청바지의 물이 빠져 몸에 묻듯이. 판사를 그만둔 지 2년쯤 지나니 판사 물이 많이 빠진 듯했다. 스스로는 별로 권위적인 면이 없다고 생각했지만, 갈비찜을 할 때 생갈비를 물에 한참 담가두어 피를 빼듯 시간이 걸렸다. 판사의 시각을 변호사의 시각으로 바꾸는 데 예상보다 오래 걸렸다. 아직 물이 다 빠지진 않았겠지만, 벌써 마음은 내가 언제 판사를 했나 싶다.

판사에게 사건은 그냥 사건일 뿐이라서, 민사의 원고가 누구인지 피고가 누구인지, 형사의 피고인이 누구인지 따위는 중요치 않다. 판사에게는 원피고의 이름이 아니라 손해배상 소송의 인정 여부가 중요하고, 피고인의 이름이 아니라 도로교통법 위반 피고인의 혈중 알코올 농도가 얼마인지 전과가 몇 건인지 중요할 뿐이다.

하지만 변호사는 사건을 판결로 직접 해결하는 사람이 아니다. 사건이 아니라 사람을 도와주는 면이 더 강하다. 손해배상 소송을 인정하는 게 아니라 원고의 손해 회복을 돕는 것이고, 도로교통법 위반 사건을 재판하는 게 아니라 피고인이 감옥에 가지 않도록 도와주는 것이다.

법정의 역할극에서는 어쩔 수 없이 서로에게 비난의 화살을 돌리는 경우가 발생한다. 폭탄 돌리기 게임처럼 '허물' 폭탄을 다른 역할에게 넘기게 된다. 판사는 변호사가 변론을 제대로 하지 못한다고, 변호사는 자기 의뢰인에게 판사가 선입견을 갖고 있고 검사가 말도 안 되는 이유로 기소했다고, 검사는 피고인이 나쁜 놈인지 변호사가 빤히 알면서도 엉터리로 두둔한다고, 하면서 서로에게 폭탄을 돌린다.

아이러니한 점은, 각자 맡은 역할 때문에 상대를 비난하지만, 역할이 바뀌면 상대가 한 비난을 똑같이 하게 된다는 사실이다. 중요한 것은 역할이다.

변호사의 이중성

구속영장이 청구된 사건이 있다. 암만 봐도 무리한 영장 청구다. 사건 의뢰인과 미팅을 하면서, 우리(의뢰인과 변호사)를 잘 방어할 수 있는 여러 가지 쟁점에 대해 심도 있게 이야기를 나눈다. 이럴 때 빠지지 않는 이야기가 있다.

"아니, 뭐 이 정도 사안에 구속영장까지 청구했을까요? 아, 그 수사 검사님, 너무하네요. 불구속으로 기소하면 되지, 영장 청구는 말도 안 되죠."

변호사는 의뢰인의 편에서 검사를 한참 성토하게 된다. 음주운전 사건 의뢰인에게는 "그때 좀 기다리셨다가 대리운전 기사를 부르시지 그러셨어요. 그랬으면, 재판까지 안 왔을 텐데, 너무 안타깝네요."라고 한다. 상속 문제로 온 의뢰인에게는 "상속인이 여럿인데, 그분이 혼자 그렇게 다 가지시면 안 되죠, 유류분이라는 게 있는데, 그래도 형제자매인데, 돈 앞에서 진짜 너무 하시네요."라고 하며 다툼 상대방을 헐뜯는다.

사건이란 다분히 여러 일들이 겹쳐서 공교롭게 발생한다. 어느 순간 마침 그런 일들이 일어나지 않았다면 잘 해결됐을 텐데, 일이 꼬이고 꼬여서 변호사를 찾게 되고 법정에 가게 된다. 변호사는 법정까지 비화된 사건을 주제로 의뢰인과 함께 아쉬움, 안타까움, 또는 상대방이나 검사에 대한 비난 같은 공감의 대화를 나눈다.

하지만 곰곰이 생각해보면, 그런 공교로운 일들, 말도 안 되는 일들이 일어나지 않았다면 의뢰인은 변호사를 찾지 않았을 것이고, 변호사에게 수임료를 지급할 필요도 없었을 것이다. 그러니 아이러니하게도, 말도 안 되는 영장 청구를 한 검사가 있기에, 주어야 할 돈을 안 주고 버티는 똥배짱인 상대방이 있기에, 어리석게도 잘못을 저지르는 사람들이 있기에, 변호사가 도와주고 수임료를 받을 사건이 생긴다.

소액재판 담당 판사를 하던 시절에 조정 판결을 하는데 중년의 원고 여성이 이렇게 이야기했다.

"판사님, 너무 죄송해요. 이렇게 자잘한 사건으로 판사님을 힘들게 해드려서요."

당시 나는 웃으면서 이렇게 대답했다.

"아니에요. 사건들이 있으니 판사도 밥 먹고 사는 거죠. 사건이 없으면 판사가 필요하겠어요? 덕분에 저도 먹고사는 것이니 그런 말씀 마세요."

변호사는 의뢰인의 편에서 원만한 사건 해결을 도와주지만, 만약 누구도 아무런 잘못과 실수를 저지르지 않는다면 변호사를 찾는 일이 없다. 타인의 잘못과 실수가 변호사에게는 밥벌이의 근원이 된다는 점에서, 변호사가 의뢰인을 무리하게 기소한 검사를 욕하는 것, 소송 상대방을 비난하는 것에는 약간 자가당착적인 면이 있다.

"아, 그렇게 무리하시니까 감기, 몸살에 걸리죠. 몸을 따뜻하게 하셨어야죠."

"술을 그리 드시니 대상포진에 걸리죠. 좀 조심하셨어야죠."

이렇게 말하는 의사들도 마찬가지가 아닐까. 그럴 리 없겠지만, 사람들이 너무나 현명해서 병에 걸릴 행동을 하지 않는다면 개업의의 반은 폐업을 하지 않을까.

역시 그럴 리 없겠지만, 모두가 착하고 바르게만 산다면 개

업변호사의 반도 폐업하지 않을까. 과연 변호사가 없는 세상이
더 살기 좋은 세상일지 모르겠지만.

변호사는 뱃사공

변호사가 되기 전에 가끔 경력이 오래된 변호사들한 테 이런 말을 들은 기억이 있다.

"성공보수만 다 받았어도 진즉에 부자가 되었을 거다."

사건을 진행하다 보면 사건이 들어와 수임할 때, 선고가 가까 워졌을 때, 선고가 난 이후에, 의뢰인의 태도는 사뭇 다르다. 처 음부터 나한테 사건을 의뢰하겠다고 결심하고 오는 사람도 있지 만, 여기저기 알아보느라 오는 사람도 있다. 마치 백화점에 코트 를 사러 간 사람처럼 여기 가서 입어보고 저기 가서 입어보며 꼭 다시 올 것처럼 말한다. 이 단계를 지나 일단 사건을 맡기고 나 면, "변호사님, 잘 되겠죠?", "우리가 이기겠죠?", "구속은 되지 않겠죠?", "벌금형만 받을 수 있겠죠?", "변호사님 같으면 무죄판결 하시겠죠?"라고 하며 순한 표정으로 중간중간 확인한다.

그러다가 선고를 코앞에 두면 안절부절못하는 모습을 보인다. "설마 우리가 지지는 않겠죠?"

그래서 원하는 대로 판결이 나오면, 너무나 고마워하면서 성공보수를 흔쾌히 지급하는 사람도 있지만, 처음에 약정한 것과 달리 깎아서 '이것만 받아달라'고 하는 사람도 있고, 그야말로 어떻게든 성공보수를 주지 않으려고 하는 사람도 있고, 아예 떼먹고 행방이 묘연해지는 사람도 있다. 1심이 끝나고 항소심, 대법원 상고심이 남아 있으면 대개는 성공보수를 지급하려고 하지만, 기각되어 사건이 종결되면 코빼기도 안 보이는 사람도 있다.

그래서 변호사는 뱃사공 같다는 생각이 든다. 사람이 목적이 아니라 수단으로 기능하는 경우가 있다. 아마 부모와 자식의 관계도 그렇지 않을까. 부모는 자식이 아주 어릴 때 까꿍 놀이를 해주어야 한다. 조금 크면 자전거를 가르쳐 주어야 한다. 공 던지는 법도 가르쳐 주어야 한다. 하지만 이것들은 모두 그 나이에 필요한 것들이다. 그런 시기가 지나면 어느덧 그런 가르침이 필요 없게 된다. 이후에는 학비를 대주어야 하거나, 결혼을 시켜 줘야 하는 등의 기능이 계속 필요할 수 있지만, 그 또한 각 성장 시기의 일이라서, 결국 때가 되면 더 이상의 요구가 없어진다. 인생의 매 시기마다 어떤 강을 건너야 하는 자식에게 부모는 강을 건널 수 있게 도와주는 나룻배와 같고 뱃사공과 같다. 일단 강을 건너고 나면 더 이상 그 나룻배도 뱃사공도 필요 없게 된다. 강을 건넌 후에 사막을 지나거나 산을 올라가야 한다면, 강을 건너는 데 꼭 필요해서 전적으로 의지했던 나룻배나 뱃사공은 거추장스러운 짐이 되고 만다.

부모는 이런 것에 대해 섭섭할 필요가 없고 섭섭해하지도 않는다. 이러한 나룻배나 뱃사공의 기능적 역할은 인간관계 전반에 널려 있다. 수학을 공부하는 고등학생에게 수학 교사는 꼭 필요한 존재이고 때론 절대적이지만, 시험을 통과해 대학에 가고 나면, 더 이상 필요하지 않다. 운전면허를 따기 위해 운전 연수를 할 때에는 운전학원 강사가 꼭 필요하지만, 운전이 능숙해진 뒤에 운전학원 강사가 사적으로 연락해서 만나자고 한다면, 그걸 달가워할 사람이 거의 없을 것이다.

어쩌면 남자와 여자 사이에서도, 결혼한 사이에서도 그럴 수 있다. 상대가 필요로 하는 걸 더 이상 제공하지 못한다면 짐스럽고 성가신 존재가 될 수 있다. 우스갯소리로, 은퇴한 남편이 하루 세끼를 집에서 먹으면 삼식이라고 구박받는다는 말이 있다.

한평생 가장으로 가정을 위해 돈을 벌어온 남편도 나이 든 부인에게는 귀찮은 존재가 될 수 있다는 것을 적나라하게 보여주는 표현인 듯하다.

뱃사공의 역할은 나룻배를 탄 사람에게 강을 건너는 효용을 제공하는 것이다. 하지만 효용 제공이 끝나면 뱃사공은 더 이상 필요 없게 된다. 사람은 누구나 현재를 산다. 이미 사용한 나룻배를 아껴주는 사람이 있다면 나룻배가 계속 효용이 있어서가 아니라 정서적으로 의미가 남아 있기 때문일 것이다. 뱃사공은 강을 건네주는 일을 할 때 순간순간을 온몸으로 느껴야 한다. 흐르는 강물을 따라 지나가는 순간순간을 인식하기에, 스치듯 순간에 머물러 순간을 만끽할 수 있어야 한다.

변호사도 그러하다. 변호사가 파도치는 강을 우여곡절 끝에 건너게 도와주었어도, 의뢰인은 자신이 강을 어렵게 건너온 사실이 중요하고 대단할 뿐, 자신을 도와준 뱃사공은 잊고 싶어지는 게 인지상정일지 모른다. 또 어쩌면 강을 건너는 일이 너무나 힘들고 고통스러웠기에, 강을 연상시키는 뱃사공이 보고 싶어지지 않을 수도 있다.

점점 소심해지면서 대범해지는 직업

　　변호사로 생활을 하면서 강단을 잃지 않고 야생의 면
모를 보이는 사람이 있다. 하지만 법조인으로 살다 보면 아무래
도 점점 더 소심해지게 된다.

　예전에 공자는 나이에 따라 입지(立志), 불혹(不惑), 이순(耳順) 등
이 된다는 말을 했다. 공자의 말을 두고, 사람들은 그래, 나이 마
흔이면 흔들리지 않는구나, 나이 오십이면 하늘의 뜻을 알게 되
는구나라고 해석하기도 한다. 하지만 표어란 현재 그 상태가 아
니기 때문에 있는 것이다.

　너는 서른 살이나 되었는데 아직도 그렇게 친구들하고 어울
려 술만 마시고 다니면 어떡하냐, 그 나이 되었으면 제발 뭐 먹

고 살지 계획을 좀 세워야 하지 않겠니라고 압박하는 것이 입지(立志)이다. 나이 마흔에 이리 흔들리고 저리 흔들리면 어떡하니, 그리 귀가 얇아서야 어떡하니, 정신 좀 차릴 나이 아니니라고 환기시키는 것이 불혹(不惑)이다. 어쩌면 공자도 자기가 그게 잘 안 되니까, 그런 표어를 내세웠는지 모른다.

법원 간판에 '소통하는 법원'이라고 씌어 있으면, 아직도 법원이 소통이 잘 안 되는구나, 경찰서 벽에 '민주경찰'이라고 붙어 있으면 경찰이 아직 민주성이 부족하구나, 검찰청에 '정의로운 검찰'이라는 플래카드가 나부끼면, 검찰이 아직도 정의롭지 않구나라고 이해하면 된다.

우리가 당연한 것에 표어를 붙이는 경우가 있을까. 언제나 그렇게 안 되니까 붙이는 것이다. 노상 친구들과 학원 건물 계단에서 이야기하고 놀면서 독서실의 자기 자리에는 '열심히 공부하자'라고 붙여 놓는 것처럼. 그러니까 표어란 자신의 부족을 만천하에 드러내는 꼴이니, 웬만하면 차라리 안 붙이는 게 나을지 모른다.

공자의 말씀을 이야기하다가 산으로 갔지만, 법조인으로 일하다 보면 점점 소심해진다. 불혹, 이순, 종심소유불규구(從心所慾不踰矩, 하고 싶은 대로 하여도 법도를 벗어나지 않는다.) 같은 공자의 말씀을 타의적으로 몸에 익히게 된다.

법조인이 아닌 일반인으로 살면 주변에서 송사가 벌어지는 일을 가물에 콩 나듯 보지만, 법조인으로 살면 주변이 온통 사건, 사고로 가득하다. 일반인은 가까이에 음주운전으로 처벌받은 사람이 별로 없지만, 형사단독 판사를 하다 보면 매주 음주운전한 사람을 재판한다. 단순 음주운전인 경우도 있지만, 술 몇 잔에 교통사고를 내거나, 때로는 그래 놓고 도망가거나 또 다른 사고를 내는 경우도 있다. 산에서 내려오는 눈덩이처럼 사건을 점점 더 키우는 사람도 있다. 음주운전을 해놓고 술 안 먹은 옆 사람한테 몰래 자리를 바꾸자고 한다. 법정에 나가서도 거짓말을 한다. 그러다 발각되면, 범인은닉죄도 추가된다. 위증죄에도 해당된다. 벌금 내면 될 사안이었는데, 교도소에서 징역을 살게 된다. 그제야, 뭔가 잘못을 하면 일단 거기서 멈추어야 한다는 것을 배운다.

일반인이 느끼기에는 전세 계약을 했다가 문제가 생기는 경우가 거의 없지만, 법원에는 전세금을 돌려주지 않거나 전세금을 떼먹거나 전셋집이 경매로 넘어간 사건들이 줄을 서 있다. 전세 계약 백 건 중 한 건 있을까 말까 한 사건이지만, 그런 사건들이 모여드는 곳이 법원이다.

그래서 그런 사건을 자주 목도하면, 음주운전을 하면 큰일이 생길 거 같고, 전세 계약을 할 때 상대방을 잘 못 믿는다. 여러모로 마음이 자꾸 소심해지는 경우가 늘어난다. 젊었을 때는 도로에서 운전을 거칠게 하는 사람이 보이면 창문을 열고 욕을 했지만, 점점 창문을 열지 않게 된다. 창문 열고 욕했다가 상대방이 차문을 열고 뛰어와 상해를 일으킨 사건을 여러 차례 보았으니까. 길에서 어깨가 부딪혀 인상을 찡그렸다가 두들겨맞아 상해죄 피해자로 법정에 출석해야 했던 사람도 보았으니, 기분 나쁘지만 소심하게 참고 만다.

그렇다고 사람이 가진 원래 기질이 어디 가는 것은 아니다. 모든 면에 소심하게 되는 것은 아니지만, 아무래도 법조인으로 살다 보면 일상생활에서 남들보다 더 참게 된다. 욱하지 않게 된다. 굴욕은 찰나이고, 감정 발산의 대가는 수년수월(數年數月)이니까. 인내의 열매가 달지는 않더라도, 발끈의 말로는 법정이니까.

변호사들은 축구를 하다가 상대방의 거친 태클에 아무리 화가 나도 주먹다짐을 하지 않는다. 순간을 못 참으면 얼마나 길고 번거로운 재판을 겪어야 하는지 다들 아니까.

헌법재판소에서의 맛있는 경험

　　법원에서 판사로 근무하다가 헌법재판소에 2년간 파견을 나간 적이 있다. 2년 동안은 판사가 아니라 헌법연구관으로 근무했다. 헌법재판소 파견을 지원한 데에는 여러 이유가 있었지만, 그중 나름 가장 큰 이유는 당시 삼청동이 핫플레이스였고 맛집이 많았기 때문이다. 헌법재판소는 안국역 인근에 있고, 거기서 조금만 걸어가면 삼청동이 있다. 요즘에야 삼청동이 조금 시들해졌지만, 그때만 해도 사람들이 가장 가보고 싶어하는 동네였다. 헌법재판소 앞을 가보지 않은 사람은 잘 모르겠지만, 안국역에서 헌법재판소까지는 은행나무가 가로수로 늘어서 있고 그 길을 따라 조금 더 올라간 곳에서 멀리 언덕까지는 소나무가 가로수로 열을 이루고 있다. 소나무가 가로수인 곳은 드물다.

헌법재판소에서 근무하면서 맛집에 많이 가긴 했지만 그것보다는 '공식적으로 말하자면' 헌법 공부를 한 것이 훨씬 더 보람찬 일이었다. 법조인에게 헌법재판은 겪어 보지 않고서는 쉽게 배울 수 없는 것들을 체득하는 값진 경험이다. 헌법재판에는 여러 가지가 있지만, 그중 가장 주요한 것은 위헌법률심판과 헌법소원심판이다. 위헌법률심판은 어떤 법률 조항이 헌법에 맞는지 안 맞는지를 심사하는 것이고, 헌법소원심판은 기본권이 침해되었으니 구제해 달라는 요청을 심사하는 것이다.

그런데 판사들은 기본적으로 법을 맹신한다. 법에 규정되어 있으면 당연히 맞다고 생각하여 명문 규정에 반하여 다르게 판단하지 못한다. 감히 법의 테두리를 벗어나려고 하지 않는다. 영화 「트루먼 쇼」에서 트루먼이 거대한 세트장을 실제 세상으로 여기는 것처럼, 판사는 법률이 전부라고 생각하는 경향이 있다. 법이 헌법에 맞지 않을 수 있다는 생각은 거의 하지 않는다. 생각할 여유도 별로 없다. 그것까지 하기에는 처리해야 할 사건이 너무 많으니까.

아무튼 법률 조항이 헌법에 맞지 않으면 그 조항은 헌법을 위반하여 위헌이 되므로 더 이상 적용할 수 없게 된다. 법은 수천수백 개가 있고, 개별 법률에는 수백수십 개의 상세 규정이 있다. 그런데 법률 조항의 위헌 여부를 심사하는 헌법의 규정은 고작 100여 개의 조문에 불과하고, 그중에서 위헌법률심판이나 헌법소원심판에서 주로 다루는 기본권 관련 조문은 40개 미만에 불과하다.

일례로, 법률 조항이 헌법상 평등권을 침해했는지 심사하는 데 기준이 되는 평등권 관련 헌법 조문은 단 1개밖에 없다. 헌법 제11조 제1항의 "모든 국민은 법 앞에 평등하다. 누구든지 성별·종교 또는 사회적 신분에 의하여 정치적·경제적·사회적·문화적 생활의 모든 영역에 있어서 차별을 받지 아니한다."는 규정이 전부다. 게다가 이 조문은 사실상 어떠한 지침도 제시하지 못한다. 그냥 '평등'이라는 한 단어가 있는 것과 똑같다.

그래서 법률 조항이 헌법의 평등 원칙을 위반하였는지 여부는 헌법이 아니라 평등에 대한 철학적, 논리적, 사회적, 법학적 생각을 총망라해 고민해서 판단해야 한다. 이는 다시 말해, 그야말로 열심히 생각해서 풀어야 하는 문제인 것이다. 사지선다가 아니라 주관식 문제다.

초·중·고등학교에서 푸는 문제에는 언제나 명확한 한 가지 정답이 있다. 그런데 대학교에 가면, 특히 법대에 들어가면 어떤 문제에 대한 답이 다수설도 있고 소수설도 있고 다른 별개 의견도 여럿 존재한다는 사실을 알고 놀라게 된다. 사실 답은 없고 설(說)만 있다는 것은 신선한 충격이다.

마찬가지로 어떤 법의 특정 조문을 그 법 안에서 이리저리 맞추어 해석해서는 절대 헌법 심사를 할 수 없다. 해당 법의 테두리에서 벗어나야 한다. 특정 조항이 옳은지, 그른지 따지는 헌법 심사에서는 사실 직접적인 해석 수단이 전혀 없다. 어느 개울이 졸졸 흐르고 있는데, 근시안적으로는 이쪽으로 흐르는 게 맞는지 저쪽으로 흐르는 게 맞는지 따지겠지만, 실상은 광활한 바다로 연결되어 있는지 알아보는 것과 같다고나 할까.

요컨대, 헌법재판은 우리가 당연시하는 여러 법률에 대해 근본적인 옳고 그름을 생각하는 것이다. 근본적인 옳고 그름을 판단하는 것은 시대의 사상적 풍조에 영향을 받기도 하고, 무엇보다 각 헌법재판관이 살아온 삶 그리고 법과 인생에 대한 가치관에 따라 극명하게 달라질 수 있다.

미국 대법원(헌법재판소 기능도 한다)의 가장 중요한 기준은 무엇인가라는 질문에 대한 답은 NINE(9)이다. 9명의 대법관이 어떻게 생각하는지가 가장 중요하다는 것이다.

마찬가지로 우리나라의 헌법재판소에서도 헌법재판관 9명의 생각에 따라 전체 방향이 결정된다. 헌법재판관이라는 자리가 얼마나 중요한지 새삼 깨닫게 된다.

이야기가 산으로 갔는데, 본론으로 돌아오면, 헌법연구관은 헌법재판관들을 보좌하는 기초적인 일을 한다. 헌법재판소에 사건이 들어오면 배정된 헌법연구관이 사건에 대해 위헌론과 합헌론의 2가지 논거로 보고서를 작성하고, 적당한 수의 연구관들이 모여 토론을 한다. 토론 결과를 보고서에 첨부하여 주심인 헌법재판관에게 보고하면, 그가 다른 헌법재판관들과 전원 합의를 하여 최종 결론을 내린다.

내가 속한 부서는 '사회적 기본권' 부였는데, 내가 제출하는 보고서에는 위헌론/합헌론 논거 뒤의 보고연구관 의견에 위헌 의견이 많았다. 나에겐 위헌으로 보이는 게 왜 그렇게 많았는지 모르겠다. 전원 합의에서 위헌으로 결정된 사건이 하나 있었고, 헌법재판관 의견 4 대 4로 합헌이 된 사건도 있었지만, 대부분은 별 이견 없이 합헌으로 결정이 났다.

헌법재판소에 국선대리인(국선변호사) 선임을 신청하여 국선대리인으로 1년간 활동한 적도 있다. 내심 평범하지 않은 기본권 침해 사건이 배당되면 헌법 논리를 열심히 개진해 보고 싶었다.

그런데 내 예상과 달리, 헌법재판소에서는 사건을 배당하면서 '이런 사건을 대리해 주었으면 하는데, 어떻습니까?'라고 나에게 의견을 구하는 절차가 전혀 없었다. 일선 법원에서 국선대리인에게 사건을 보낼 때에는 그렇게 물어봤던 거 같은 데라는 생각도 들었다. 조금 의아했지만, 헌법재판소의 국선대리인 사건 배당 절차는 그냥 이런가 보다, 라고 생각했다. 굳이 물어보지 않았다.

흔히 변호사라고 하면, 뭐 하나 그냥 넘어가는 것 없이 철두철미한 직업인이라고 생각할지 모르지만, 어떤 면에서는 빈틈이 엄청 많다. 남의 사건에 신경 쓰기 바빠서 정작 자신의 일에 소홀한 경우도 많다. 그다지 따지지 않는다.

여하튼 1년 동안 나에게 배당된 사건은 검사의 기소유예 처분에 관련한 기본권 침해 사건 2건이었다. 한 사건은 자신이 사기 피해자인데 공갈죄 가해자가 되었다는 것이고, 다른 사건은 자신이 보험 사기를 친 것이 아니고 병원에서 하라는 대로 한 것뿐인데 보험 사기가 되어 억울하다는 것이었다.

공갈죄로 기소된 의뢰인은 모 회사가 마치 전문가인 양 주식을 소개해 주어 시키는 대로 했다가 많은 손해를 봐서 그 회사에 '당장 손해를 배상하지 않으면 언론에 제보하겠다'는 등의 이야기를 했다가 공갈죄로 의율(擬律)됐는데, 본인은 가해자가 아니고 피해자일 뿐이라고 했다.

보험 사기로 기소된 의뢰인은 이미 한참 보험금을 납입한 보험 계약이 파기되기 때문에 유죄를 인정하는 기소유예를 받으면 안 되는 상황이었다. 기소유예란 쉽게 말해 검찰에서 당신은 죄가 있지만 봐준다는 것이다.

의뢰 당사자들과 상담을 하고 헌법소원신청서, 이유서, 추가 의견서 등을 기재해 헌법제판소에 제출했다. 당사자들에게 이 말을 빠뜨리지 않고 했다. "헌법재판소는 사건이 많아서 금방금방 사건을 결론 낼 수 없으니 한참 걸릴 수 있습니다."

위의 기소유예 사건들은 각각의 개인에게는 매우 중요한 사건이지만, 엄밀히 보면 헌법상 기본권을 다투는 사건은 아니다. 검찰의 기소유예에 대해 다툴 수 있는 다른 방법이 없기에 부득이하게 헌법재판소에서 기소유예 결정의 당부(當否)를 판단하는 것이다.

치열하게 헌법 논리를 개진해 보고 싶었는데 기소유예 사건만 배당되어 그냥 1년만 하고 그만둘까 생각했는데, 헌법재판소에서 1년을 더 신청하겠냐고 묻기에 헌법재판에 대한 미련을 버리지 못해서 더해 보겠다고 했다. 예전에 헌법재판소에서 근무하며 맛집을 실컷 다니는 혜택을 누렸으니 국선대리인으로 봉사해서 국가에 진 빚도 갚아야 했다(국선대리인도 사건당 보수를 조금은 받으니 진정한 무료 봉사Pro Bono는 아니었지만).

평등법과 얀테의 법

변호사는 법으로 밥벌이를 하는 직업이다. 예전에 우스갯소리로 변호사가 제일 싫어하는 사람은 법 없이도 살 사람이라고 했다. 하지만 법으로 밥벌이를 한다고 해서 법률가가 법을 다 아는 것은 전혀 아니다. 판사도, 검사도 법을 몰라서 실수하는 경우가 많다.

사인등위조죄가 있다. 도장이나 사인을 위조하는 범죄이다. 형법 제229조에 "행사할 목적으로 타인의 인장, 서명, 기명 또는 기호를 위조 또는 부정사용한 자는 3년 이하의 징역에 처한다."고 규정되어 있다. 그런데 이 법률 조항의 좀 특별한 점은, 어떤 사람이 타인의 서명을 위조하고 문서를 위조하는 경우에 사문서위조죄가 되면 "5년 이하의 징역 또는 1000만원 이하의 벌금에 처한다."(형법 제231조)라고 규정되어 있어서 벌금형을 받을 수 있는데, 서명위조만 공소가 제기되면 벌금형 조항이 없어서 벌금형을 내릴 수 없고 징역형만 선고할 수 있다는 것이다(물론 집행유예는 가능하지만).

내가 볼 때, 이 조항은 형벌의 비례성원칙에 위배된다고 생각하지만, 아직까지 이 조항은 헌법재판소에서 합헌 결정을 받아(헌재 2006. 6. 29. 2006헌가7) 유효한 상태이다. 그래서 가끔 검사가 사인등위조죄를 적용 법조로 해놓고도 약식명령을 청구해서(약식명령 청구는 벌금형을 청구하는 것이다), 판사가 그대로 도장을 찍어 확정되는 경우도 있다. 법에 없는 벌금형이지만, 판결로 확정되는 것이다.

이외에도 법에서 정한 형을 벗어나 선고하는 경우가 이따금 발생한다. 개개의 법률 조항을 일일이 찾아보긴 하지만, 그러다가 간혹 놓치는 일이 생기는 것이다. 법원에서 법률 조항을 놓쳐 그런 판결을 받으면, 피고인 입장에서는 나쁜 것이 아니다. 1심에서 법을 잘못 적용하면, 항소심 판사들이 1심 법원의 실수를 알기에 조금은 더 봐준다.

아무튼 법률가들은 경우에 따라 이루 헤아릴 수 없을 정도로 많은 법률과 그 밑의 명령, 규칙, 때로는 조례까지 살펴보아야 한다. 어쩌면 법적 사고(legal mind) 하나로 각각의 사안을 별개로 연구해서 법률을 적용하는 것인지 모른다.

이런 실정법 말고 우리나라 사람들에게 가장 중요한 법이 무엇인가 생각해보면, 아마 '평등법'일 것이다. 남들과 다르게 차별당하거나 것이나 남들과 다른 것 자체에 대한 거부감이 다른 어느 나라 사람들보다 큰 것 같다. 헌법재판소에 소가 제기된 많은 기본권 침해 사건 중에 아마 평등권, 평등 원칙 관련 건이 제일 많을 것이다. 이것이 단점일 수도 있지만, 나름 장점인 국민감정법일 수도 있다.

우리에게 평등법이라는 국민감정법이 있다고 하면, 스웨덴을 비롯한 스칸디나비아반도 사람들에게는 얀테의 법(Jante Law)이 있다. 그들의 오래된 생활원칙이다. 그 내용은 아래와 같다.

> 당신이 특별하다고 생각하지 말 것
>
> 당신이 다른 사람처럼 좋은 사람이라고 생각하지 말 것
>
> 당신이 더 현명하다고 생각하지 말 것
>
> 당신이 더 나은 존재라고 상상하지 말 것
>
> 당신이 더 많이 안다고 생각하지 말 것

당신이 더 중요하다고 생각하지 말 것

당신이 무엇이든 잘한다고 생각하지 말 것

우리를 비웃지 말 것

모두가 당신을 배려해야 한다고 생각하지 말 것

당신이 우리에게 어떤 것을 가르칠 수 있다고 생각하지 말 것

　　우리의 '평등법'이 자기보다 더 좋은 대우를 받는 사람과 자기를 같게 해달라는 의미에서 상향적인 평등의식이라고 한다면, 얀테의 법은 자기 스스로를 낮추는 하향적인 평등의식이라고나 할까. 우리의 평등법에 좀 악착같은 면이 있다고 한다면, 얀테의 법은 좀 내려놓는 듯한 느낌이다.

봐주지 못한 후회

　판사를 하면서 후회한 적이 있느냐고 묻는 사람이 있다. 늘 내일 뭐 하지, 앞으로 뭐 할까를 생각하고, 지나온 것들은 별로 생각하지 않는 성격이라, 변호사를 시작할 때는 글쎄요라고 대답했다. 그다지 후회되는 게 없는 것 같은데라고.

　변호사를 조금 하다 보니 생각이 거슬러 올라가 후회되는 게 생겼다.

　그것은 '봐주기(선처)'였다. 형사 사건을 다루는 법에서 오래된 논의 중 하나는 '점(點)의 이론, 선(線)의 이론'이다. 구체적 형사 사건을 양형하는 데 있어 정답은 하나인가, 아니면 여럿인가 하는 점이다.

음주 운전을 한 사람이 있다. 이미 벌금형을 한 번 받았는데, 다시 음주 운전을 했다. 1심에서 징역 1년에 집행유예 2년을 받았다. 아마 다른 판사 같으면 징역 6월에 집행유예 1년을 선고했을 수도 있다.

거의 똑같은 사건이 각각 형사단독 재판으로 진행되어 2건 모두 항소심에 오른다면, 두 피고인의 양형을 맞추기 위해 징역 6월에 집행유예 1년으로 선고하는 것이 맞을 것이다. 하지만 항소심에서는 그렇게 하지 않은 경우가 더 많다. 1심이 비록 들쑥날쑥하더라도 피고인에 대한 양형을 이렇게도 할 수 있고 저렇게도 할 수 있다면 굳이 항소심에서 1심을 파기하고 다시 형을 정하지 않는다. 이것이 선의 이론이다. 가능한 양형의 선을 그어서 그 선 어딘가에 1심 양형의 점이 들어와 있으면, 항소심에서는 항소를 받아들이지 않고 기각하는 것이다.

이런 도그마가 틀렸다고 할 수는 없다. 다만, 1심에서 어느 재판부의 재판을 받느냐에 따라 형의 차이가 나도 그건 복불복이고, 징역 1년에 집행유예 2년이 틀리지 않은 이상, 똑같은 죄에 대하여 더 적은 형을 받은 사람이 있다고 해서 그 양형이 틀린 것은 아니다.

가장 큰 이유는 '1심 충실화' 때문이다. 1심에서 모든 주장이 개진되고 증거 심리가 이루어지고 나면 항소심은 1심이 큰 틀에서 맞는지 안 맞는지만 본다. 사건이 많고 항소를 많이 하고 대법원에 상고도 많이 하니, 항소심에서 항소 기각을 원칙으로 하면, 항소하지 않아 심리할 사건이 줄어들 것이다.

하지만 이러한 생각에는 근본적인 오류가 있다. 이런다고 항소하지 않는 것은 아니기 때문이다. 자신의 생각과 달리 형이 중하다고 생각하는 사람들은 항소를 한다. 더구나 검사가 항소하지 않는다면 불이익변경금지원칙(不利益變更禁止原則)상 자신의 형이 올라갈 염려가 없다. 피고인이 항소할지, 검사가 항소할지 서로 협의해서 하는 것도 아니다. 밑져야 본전이니 항소할 수밖에 없다. 이렇듯 실상은 법원의 생각과 전혀 다르다.

또 하나의 중요한 점은, 개별 사건은 그 사건만 보고 판단해야 한다는 것이다. 선고된 형이 억울하다고 호소하는 사람에게, 전체 사법 시스템의 방향을 위해 약간의 부당함을 감수하라고 요구하는 것이 과연 옳은가.

나는 지방에서 형사 항소심 재판장을 하면서, 그 시절 법원의 방향에 따라(어떤 도그마가 채택되면 그것에 대해 회의를 하고 누군가가 발표도 하므로 그 방향에 따라야 할 것 같은 생각이 들 수밖에 없다.) 항소 기각을 원칙으로 삼았다. 여간해서는 항소를 인용해 형을 깎아주는 경우가 없었다.

재판부 생각에는 징역 6월이 더 적당할 것 같은데도, 1심에서 징역 8월로 올라오면, 항소 기각을 한 것 같다. 개별 사안의 특수한 점을 고려하기보다는 1심 재판장의 결정을 최대한 존중해야 한다는 생각이 더 컸다.

그런데 막상 변호사로 일해 보니, 당사자 입장에서는 좀 억울할 수 있었다. 같은 사안인데(물론 똑같은 사안이 존재할 수는 없지만 대략적으로), 형사1단독 판사한테 재판 받은 피고인은 징역 6월이었고, 형사2단독 판사한테 재판 받은 피고인은 징역 10월이었다. 징역 10월을 받은 피고인은 항소하면 형이 줄어들 줄 알았는데, 형사항소1부는 항소 기각이 원칙이었다. 한편, 형사항소2부는 형을 많이 깎아준다는 말을 들었다.

이 피고인은 스스로 엄청 재수가 없다고 생각했다. 양형이 센 형사2단독 판사한테 1심 재판을 받고, 형을 절대 깎아주지 않는 형사항소1부에 걸리다니. 거꾸로 되었어야 했는데라고 하며 아쉬워했다. 구치소에서는 이러한 내용이 소문날 수밖에 없다. 각자의 사활이 걸린 문제이니, 또 양형이 가장 핫(hot)한 이슈일 수밖에 없으니. 제발 형사1단독에 배정되기를, 제발 형사항소2부에 배정되기를 기도한다. 그 기도에 누구는 응답 받고, 누구는 응답 받지 못한다.

판사 시절, 여러 가지 정황상 정말 선처하고 싶은 사건들이 있었다. 하지만 항소 기각을 원칙으로 삼았으니, 또 당시 그게 옳다고 생각했으니, 입술을 깨물고 항소 기각을 한 경우가 종종 있었다. 도대체 무엇을 위해 항소 기각을 했을까 후회가 되었다.

사건을 누구보다 잘 아는 사람은 담당 판사다. 아주 엄한 중형으로 처벌해야 하는 경우도 있지만, 때로는 봐주기가 판사의 역할이 아닐까 하는 생각도 든다.

판사도 때론 판결에 불만이 있다

판사도 때론 판결문에 불만을 터뜨린다. 판결을 받은 당사자나 변호사들뿐만 아니라, 가끔은 판사도 판결문에 눈살을 찌푸린다. 시국 사건이나 언론에 알려진 사건의 판결을 두고 하는 말이 아니다. 1심 판결은 항소심에서, 2심 판결은 대법원에서 결과를 알 수 있다. 판사 자신이 심혈을 기울여 쓴 1심 판결문이 항소심에서 결론이 달라지면 반성보다는 불만이 앞선다. 항소심 판결문을 읽고 수긍하는 경우도 있고, 1심에 나오지 않은 새로운 주장과 증거에 따라 결론이 바뀌면, '그거야 내 잘못이 아니지'라고 생각하기도 한다. 하지만 똑같은 주장과 증거를 달리 판단하면 반발감이 생긴다.

이런 경우 대부분의 1심 판사들은 항소심 판결이 대법원에 가서 다시 깨져 1심 판결의 결론과 같아지길 바란다. 속으로 '깨져라, 깨져라'라고 외치게 된다. 그런데 항소심 판결에 상고를 하지 않거나, 대법원에서 자세한 판결 내용 없이 심리불속행으로 끝나면 속이 상하기 마련이다. 내 판결이 옳은 거 같아서, 영 찝찝하다.

판사에 따라서는 자기가 내린 판결에 대한 상급심의 결론에 아예 개의치 않기도 한다. '나는 양심과 법률에 따라 정확하고 떳떳하게 판결한 만큼, 설사 상급 법원에서 결론이 달라진다고 해도, 내가 왜 그걸 신경 써?'라고 하며 초연한 모습을 보인다.

판사도 가끔 그럴진대, 당사자나 변호사들은 오죽하겠는가! 1심에서 주장이 받아들여지지 않으면 항소심에서 다시 열심히 주장하게 된다. 하지만 1심에서 패소하거나 결과가 나쁜 변호사에게는 항소심 기회가 주어지지 않는 경우가 많다. 의뢰인이 웬만하면 새로운 변호사를 찾기 때문이다. 1심에서 패소했는데도 항소심과 상고심을 맡긴다면, 그것은 당사자가, '그래도 이 변호사가 열심히 해왔고, 다른 변호사를 찾아가도 더 낫지 않을 것 같아'라고 생각하기 때문이다.

나도 판사 시절에는 항소심에서 항소 기각, 대법원에서 심리불속행하는 것이 어찌 보면 당연해 보였다. 하지만 여기에는 안과 밖의 온도 차가 분명히 있다. 법원 밖에 있는 사람들은 아무런 설명 없는 기각보다는 그래도 뭐라도 써주는 항소심, 상고심 판결을 선호한다. '내가 이렇게 울부짖었는데, 문전박대하다니'라는 생각이 드는 것이다.

이런 경우 법원의 입장을 두둔하자면, 법원은 일이 너무 많다. 판결문 이유를 조금이라도 쓰는 것과, 기록을 자세히 봤지만 간단히 기각 결론을 내리는 것 사이에는 품의 차이가 크게 날 수밖에 없다.

판사로, 변호사로 법원 안팎을 다 경험한 사람의 입장에서 볼 때, 대놓고 법원을 욕하기도 어렵지만, 그렇다고 눈 크게 뜨고 지푸라기라도 잡고 싶은 당사자들에게 법원이 잘했다고 하기도 어려운, 어중간한 입장이 되는 경우가 종종 있다.

범행 동기를 해석하는 다른 시각

언론에도 보도된 유명한 사건이 있다. 임신한 캄보디아 출신 부인을 보험금을 노리고 살해했는지, 아니면 단순 교통사고에 불과한지 논란이 된 사건이다. 1심에서 무죄로, 항소심에서 유죄로 판결했으나, 대법원에서 무죄 취지로 파기하였다(대법원 2017. 5. 30. 선고 2017도1549 판결). 대전고등법원에서 파기환송심 재판이 진행되고 있다.

사안은 대강 이렇다. 피고인은 캄보디아 출신 부인이 교통사고로 사망하는 경우에 무려 95억 원을 받을 수 있는 보험금을 불입하고 있었는데, 2014년 8월 피고인이 운전하던 승합차가 고속도로 갓길에 서 있던 화물차를 들이받아 본인은 거의 안 다치고 부인만 사망했다.

　직접적인 증거가 없는 상황에서 간접 증거만으로 항소심은 유죄를, 대법원은 무죄 취지로 판시했다. 사건의 여러 정황을 어떻게 분석하고 판단할 것인지, 판사들도 오락가락할 만큼 쉽지 않았다.

　그런데 피고인이 최종적으로 유죄인지 무죄인지의 판단은 차치하고, 대법원에서 항소심 판결을 파기하면서 든 이유 중 하나에는 납득하기 어려운 측면이 있다. 대법원은 이렇게 판시하고 있다.

　"일반적으로 금전적 이득의 기회가 살인 범행의 중요한 동기가 될 수 있음은 부인할 수 없으나, 금전적 이득만이 살인의 범행 동기가 되는 것은, 범인이 매우 절박한 경제적 곤란이나 궁박 상태에 몰려 있어 살인이라는 극단적 방법을 통해서라도 이를 모면하려고 시도할 정도라거나 범인의 인성이 원래부터 탐욕적이고 인명을 가벼이 여기는 범죄적 악성과 잔혹함이 있는 경우 등이 대부분이다. 그렇지 않은 경우는 증오 등 인간관계의 갈등이나 치정 등 피해자를 살해할 금전 외적인 이유가 있어서 금전적 이득은 오히려 부차적이거나 적어도 금전 외적인 이유가 금전적 이득에 버금갈 정도라고 인정될 만한 사정이 있어야 살인의 동기로서 수긍할 정도가 된다고 할 것이다. 더구나 계획적인 범행이고 범행 상대가 배우자 등 가족인 경우에는 그 범행이 단순히 인륜에 반하는 데에서 나아가 범인 자신의 생활 기반인 가족 관계와 혈연 관계까지 파괴되는 것이므로 가정 생활의 기반이 무너지는 것을 감내하고라도 살인을 감행할 만큼 강렬한 범행 유발 동기가 존재하는 것이 보통이다."

쉽게 말해 돈만 보고 설마 사람을 죽이겠냐는 것이다. 그러나 이에 대해 의문이 들지 않을 수 없다. 나는 대법원의 판시를 보고 깜짝 놀랐다. 대법원에서 사람을 이렇게 띄엄띄엄 보기도 하는구나, 하는 생각이 들었다.

신문이나 방송에 나오는 사건들만 보더라도, 단돈 몇 십만 원을 훔치기 위해 강도나 살인을 하고, 돈 한 푼 생기지 않을 상황에서 묻지마 살인을 저지르기도 한다. 이해도 안 되고, 말도 안 되는 이유로도 강력 범죄가 수도 없이 발생하고 있다.

95억 원이라는 보험금은 그 자체로 충분히 범행 동기로 작용할 수 있다. 이 사건에서 피고인은 이미 몇 차례 결혼과 이혼을 반복하였고, 두 번째 부인 역시 외국인 여성이었다. 사망한 캄보디아 출신 부인과의 사이에서도 수차례 임신중절을 한 바 있는데, 이는 부인과의 결혼 생활을 유지하려는 의도보다 그 관계를 청산하고자 하는 의식이 더 강한 데서 비롯되지 않았을까 하는 생각이 든다.

사건 기록을 상세히 들여다보지 않고 판결에 대해, 게다가 대법원의 판결에 대해 비난하는 것은 사실 법조인이라면 삼가야 할 언행이다. 그렇지만 어떤 그럴듯한 논거를 붙이더라도, 얼마 안 되는 돈을 빼앗기 위해 범죄를 저지르는 경우가 수없이 많기에, 이해할 수 없는 행동을 하는 사람들이 너무나 많기에, 금전적 이득의 기회만으로는 범행 동기를 설명하기 어렵다는 대법원 판결에 나타난 인식은 동의하기 어렵다.

업무 시간에 종이학을 접었다는 이유로

      원고는 회사에서 일을 하다가 쓰러졌다. 뇌출혈로 반신불수가 되었다. 서른 후반의 나이에 술도 담배도 하지 않는 여성이었다. 1심에서 원고의 청구가 기각되었다. 나는 항소심 사건 변호를 맡았다.

    원고는 쓰러진 즈음에 과로한 사실을 밝혔으며, 본인의 일 말고 회사의 다른 지점의 일도 맡았을뿐더러 주말에 일하러 나간 사실도 밝혔다. 다행히 그 회사는 출퇴근 체크를 하고 있어서 일을 어느 정도 했는지가 소명되었다.

    원고는 근로복지공단에 업무상 재해로 인한 요양 급여와 휴업 급여를 신청했는데, 공단에서 요양불승인 처분을 하였다. 그래서 원고는 요양불승인 처분을 취소해 달라는 청구 소송을 냈다. 근로복지공단을 상대로 하는 소송이라, 공단 직원이 소송 수행자로 나와서 변론을 하였다.

근로복지공단 직원은 원고가 업무 시간 중에 종이학을 접었을 정도로 한가했다고 주장했다. 그 주장 자체가 의아했다. 근로자가 하루 8시간 근로를 하면서 오로지 일만 하는 사람이 어디 있는가. 누구는 담배 피우러 가고, 누구는 인터넷으로 쇼핑하고, 누구는 책을 보고, 각자 일하면서 중간중간 쉬는 거지. 회계 업무를 하던 원고가 일이 없을 때 사무실에서 종이학을 접든 종이거북이를 접든 그게 무슨 크게 책 잡힐 일이라고.

원고의 변호사인 내가 생각하기에 근로복지공단에서 어처구니없는 주장을 하는 것 같았는데, 항소심 재판장도 종이학 이야기를 했다. 종이학을 접을 정도로 업무의 강도가 약한 것은 아니었느냐는 취지로 물었다.

나는 반문하고 싶었다. 재판장님은 하루 종일 일만 하시냐고. 기록 보고 판결문 쓰는 것 외에는 아무것도 안 하시냐고. 변호사가 그렇게 물을 수는 없다. 변호사는 판사에게 잘 보여야 하니까.

『더 킹 (The King)』이라는 영화가 있다. 조인성, 정우성, 배성우

등이 등장해 권력과 검사에 대한 사실과 풍자를 잘 엮어낸 영화다. 영화 초반에 학교 쌈짱이던 조인성이 개과천선하여 열심히 공부해서 법대에 들어가고 사시(사법시험)에 합격한다. 사시 3차 면접 시험 장면에서, 면접관의 뺨만 때리지 않으면 합격한다는 말이 나온다. 맞는 말이다.

마찬가지로 재판 과정에서 변호사가 느끼기에 간혹 얼토당토않은 이야기를 재판장이 하더라도 욱해서는 안 된다. 그 발언의 저변에 깔린 의도를 파악해야 하고, 최대한 재판장의 질문에 맞추어 서면을 내는 노력도 필요하다. 원고가 종이학을 접든 종이비행기를 날리든 그게 업무상 재해와 무슨 상관이 있는지 도무지 납득이 되지 않는다고 하여도.

결국 항소심 판결문은 "설사 원고가 근무 도중의 한가한 시간에 자신의 취미생활을 하며 틈틈이 휴식을 취했더라도 이를 계속되는 업무 시간과 확연히 구분되는 휴게 시간으로 보기 어렵고, 업무 대기 시간으로 평가함이 타당하다."고 하였다. 종이학을 접을 정도로 한가했다고 주장한 피고 소송 수행자의 손을 들어주지 않았다.

업무상 재해 사건을 진행하면서 여러 가지 생각이 들었다.

술도 담배도 하지 않는 젊은 여성이 직장에서 일을 하다가 뇌출혈로 쓰러졌다면, 또 최근 몇 달간 야근을 하고 주말에도 근무했다면, 그건 기본적으로 산업재해가 아닌가. 이런 걸 업무상 재해로 인정하지 않는다면, 근로자는 어디서 어떻게 일을 하다가 쓰러져야 업무상 재해가 되는 것일까. 과로의 요건을 3개월 동안 몇 시간 이상 근무, 이런 식으로 엄격하게 해야 하는 것은 아닐 것이다.

그런데 과로의 경우에는 업무상 재해 기준이 다르다. 위험이 많은 업무 상황에서, 이를테면 화재 현장이나 범죄 현장에서 몸에 상처가 생기는 경우에는 업무상 재해 여부를 다투지 않는다. 밤새 술을 마시고 일하다가 쓰러지면 업무상 재해가 아닐 수 있다. 원래 몸에 질병이 있는데 일하다가 쓰러지면 업무상 재해가 아닐 수 있다. 하지만 보통의 건강한 사람이 원래 앓던 질환도 없고 다른 특별한 사유도 없이 일하다가 쓰러지면 업무상 재해 아닌가.

또 이런 생각도 들었다. 근로복지공단이란 곳이 도대체 왜 있는가. 많은 근로자들이 업무를 하다가 발생하는 재해에 대하여 요양 급여, 산재 급여를 주려고 존재하는 게 아닌가. 헌법 제34조는 "모든 국민은 인간다운 생활을 할 권리를 가진다. 국가는 사회보장, 사회복지의 증진에 노력할 의무를 진다."고 규정하고 있다.

너무 많은 사람들이 업무상 재해도 아닌 것을 가지고 재해라고 우기니까, 이 사람 저 사람 다 보상해 주다 보면 재정이 바닥나니까, 웬만하면 급여 신청을 받아주지 않아야 적정 급여 재정을 유지할 수 있다는 것인가. 근로복지공단에서 거부한 사안인데 법원에서 뒤집으면 공단의 입장이 난처해지니 처음의 거부 결정을 무조건 유지해야 하는가.

적당한 범위에서, 적절한 논리로 업무상 재해가 아니라고 주장할 수는 있다. 그런데 피고 소송 수행자는 재판이 열릴 때마다 원고가 업무 시간에 종이학을 접었다고 했다. 정말 그걸 봤냐고 물어보고 싶었다. 어떤 색깔의 종이학을 얼마나 접었는지, 1분에 몇 개나 접었는지.

원고는 반신불수 상태가 되었다. 겨우 거동을 하고 글씨도 삐뚤빼뚤 쓰는 정도였다. 누군가가 옆에서 계속 간호해야만 했다. 여생 동안 계속 그래야 할지 몰랐다. 간절한 마음으로 선고를 기다렸고, 다행히 원고 승소 판결이 나왔다. 승소를 하고 싶은 사건이 있고, 반드시 승소를 해야만 하는 사건이 있다. 이 사건은 후자였다.

변호사의 역할은 여기까지다. 판결을 가지고 다시 근로복지공단에다 요양 급여 신청을 해서 돈을 받는 것은 원고 가족의 몫이다. 원고의 오빠는 그것도 과정이 매우 번거롭다고 이야기했다.

탈북자 여인은 어디서 어떻게 살고 있을까

형사항소심 재판을 하던 시절, 피고인이 '북한 이탈 주민의 보호 및 정착 지원에 관한 법률'을 위반하여 재판을 받은 사건이 있었다. 북한 이탈 주민은 한국에 와서 살면 정착 지원금을 받는데, 거짓말을 해서 정착 지원금을 받으면 이 법을 위반하여 몰수와 추징을 당하게 된다.

피고인은 1998년 두만강을 건너 탈북하여 중국에서 체류하다가 2011년 우리나라로 입국했다. 그런데 실제 탈북 일자인 1998년이 아니라 5년 뒤인 2003년에 탈북했다고 거짓으로 진술하여 정착 지원금을 받은 게 문제가 되었다.

탈북 일자를 늦춰 말한 게 무슨 죄가 될까. 법에는 탈북한 이후 다른 나라에서 10년 이상 살다가 우리나라에 오면 보호대상자로 결정하지 않을 수 있다는 조항이 있다. 10년 이상 중국(탈북하면 대부분 중국에서 체류함)에서 살다 왔다면, 그동안 일을 해서 먹고살 돈을 어느 정도 벌었을 테니 정착 지원금을 주지 않을 수도 있다는 것이다.

정착 지원금은 전세 자금으로 쓰이는 경우가 많다. 피고인 여성은 식당 등에서 일하며 가족과 함께 살고 있었는데, 정착 지원금을 추징당하면 전세보증금을 잃게 될 상황이었다. 거짓말을 해서 정착 지원금을 받은 것이 사실이니 법상으로는 전세보증금을 추징당하지 않게 해줄 수가 없었다. '필요적 몰수·추징'이란 유죄인 이상 반드시, 예외 없이 몰수·추징한다는 뜻이기 때문이다.

유일한 구제 방법은 헌법재판소에 필요적 몰수·추징 조항이 위헌이라는 위헌법률심판제청을 해서 위헌 판단을 받는 것이다. 헌법재판소에 위헌법률심판제청을 하면, 통상 형사 재판 기일을 추정해두어 헌법재판소의 결정을 보고 재판부가 판단하도록 한다. 나는 위헌 제청을 하고 나서 제주지방법원 항소심 재판부를 떠나 의정부지방법원 고양지원에서 근무하게 됐는데, 그 사건이 어떻게 됐을까 궁금하여 수시로 헌법재판소의 결정을 찾아보곤 했다.

몇 년이 지나 헌법재판소에서 합헌 결정이 났다(헌재 2017. 8. 31. 2015헌가22). 헌법재판소의 재판관은 9명인데, 당시 그중 1명의 자리가 비어 있었고 재판관 8명 중 4명은 합헌, 4명은 위헌 의견을 냈다. 만약 1명이 더 있었더라도 어차피 결과는 합헌이었다. 헌법 제113조 제1항은, 헌법재판소에서 법률의 위헌 결정을 할 때에는 재판관 6인 이상의 찬성이 있어야 한다고 규정하고 있기 때문이다. 과반수도 아니고 6인 이상이 찬성해야 하므로 어찌 보면 여간해서는 위헌으로 판단되기 어렵다.

개인적으로는 조금 부당한 헌법 조항이 아닐까 하는 생각이 든다. 감히 헌법 조항이 부당하다고 주장하면 너무 주제넘고 외람된 것인가 싶기도 하지만. 다수결의 원칙이 지배하는 의회민주주의이므로, 법 자체도 다수의 국회의원이 찬성하면 통과가 된다. 다수가 지배하는 이런 민주 사회에서 소외 받고 불이익 받는 소수를 보호하는 것이 사법부나 헌법재판소의 역할인데, 헌법재판소 재판관 9명 중 6명이나 찬성해야 위헌을 선고할 수 있다는 것은 뭔가 좀 안 맞는 거 같기도 하다.

막상 위헌 제청이나 헌법 소원을 해보면 재판관 4명이나 위헌 의견을 내는 경우가 흔치 않기에, 위헌 제청을 한 재판부 입장에서는 위로가 되긴 하지만, 그래도 결국 그 탈북 여성은 살던 집의 전세보증금을 추징당하게 됐다. 피고인 여성은 1974년 함경남도에서 출생하여 25년을 북한에서 살다가 1998년 두만강을 건너 탈북했다. 중국에서 13년을 체류하다가 37세인 2011년에 우리나라로 왔으며 어쩌다 보니 제주에서 정착 지원금 2천여만 원을 받았다. 아마 43세가 된 2017년에 살던 집을 비웠을 것이다. 중국에서 잠깐만 살다 왔으면 좋았을 텐데, 지금은 어디서 어떻게 살고 있을지⋯⋯.

문제로 삼으니 문제가 된다

소년사건(소년 보호 사건과 소년의 형사 사건을 통틀어 이르는 말)이 있었다. 고등학생인 보호소년(소년법에 따라 가정법원 소년부, 지방법원 소년부에서 심판을 받는 소년)은 학교 체육 시간에 배드민턴을 치고 있었는데, 우연찮게 셔틀콕이 다른 학생에게 날아갔고, 그 학생은 가해 학생이 일부러 그런 줄 알고 화가 나서 뛰어왔다. 셔틀콕을 날린 학생은 엉겁결에 당황하여 손을 휘저었는데, 손에 배드민턴 라켓이 들려 있어서 달려오던 소년이 라켓에 맞았다. 하지만 라켓을 흔든 소년이나 라켓에 맞은 소년이나 서로 일부러 그러지 않았다는 것을 알았기에 별일 없이 마무리되었다.

그런데 라켓에 맞은 소년이 입이 조금 붓고 상처가 덧나자,

피해 소년의 어머니가 이 사건을 학교에 진정하였다. 담임교사도, 학교폭력대책위원회에서도 모두 고의로 벌어진 일이 아니라고 결론을 내자 소년의 어머니는 이를 받아들이지 못하고 경찰서에 고소장을 제출했다. 경찰서장은 사건을 지방법원 소년부로 송치하였다.

일부러 때린 것이 아니라는 점이 이미 소명되었지만, 피해자 측은 다시 한번 사건을 의견서에 기재하여 제출하였다. 소년부 판사는 소년조사관에게 사안을 조사하라는 명령을 했고, 피해자 학생과 부모는 자신들의 입장을 소상히 밝혔다.

재판일이 잡혔다. 사건 변호사로서 나는 애당초 이런 사안으로 재판을 벌이는 것이 마뜩치 않았다. 학교에서 애들끼리 사소한 오해로 생긴 일이고, 서로 더 이상 문제가 되지 않는데, 피해자 학생의 부모가 계속 진정하여 사건이 법원에까지 가게 된 것이다. 경찰서에서도 사안을 종결할 수 있었겠지만, 아마 피해자 학생 부모의 등쌀에 사안을 법원으로 넘긴 듯했다.

소년법에는 '심리불개시결정'과 심리 후 '불처분결정'이란 것이 있다. 쉽게 말해, 심리불개시결정이란 이 정도로 경미한 사안을 소년법으로 재판을 할 필요가 있겠는가, 심리하지 않겠으니 돌아가라고 결정하는 것이다. 불처분결정은 심리 이후에 보호

처분을 할 필요가 없다고 판단되어 '처분하지 않겠으니 없던 일로 하라'는 것이다.

나는 심리불개시결정이 나기를 기대했지만, 일단 심리가 개시되었다. 언제부터 법원이 이 정도 사안까지 재판하게 됐는지, 그 정도는 학창 시절에 노상 있던 일이 아닌가. 내가 벌써 구세대가 되어 버린 느낌이었다.

심리일에 담당판사는 엄한 표정을 지으며 훈계조로 이야기를 시작했다. 이게 얼마나 무서운 일인지 아느냐며 나무라고 꾸짖었다. 가슴이 철렁했다. 내가 꾸중을 듣고 있는 느낌이었다. 판사는 한참을 이야기한 후 결국 불처분결정을 했다. 원했던 결과였지만, 사실 당연한 결과였다. 이런 일로 학생을 법정에까지 끌어오는 것도 못마땅하고, 판사가 악역을 담당하는 모습도 못마땅했다.

법원 소년부 판사를 안 해봐서 잘 모르겠지만, 내가 만약 그 자리에 있었다면, '학교에서 친구들과 지내다 보면 그럴 수 있지. 내가 보기에도 너는 고의가 없었던 것 같더라. 이건 그냥 사고일 뿐이지, 사건이 아니란다. 괜찮아, 괜찮아, 어서 돌아가서 아무 일 없었던 것처럼 학교 공부 열심히 해라'라고 부드럽게 말했을 것 같다.

사소한 일로 학교폭력대책위원회가 열리고, 경찰서에 가고, 법원에 가고, 도대체 이렇게까지 해야 할까. 문제를 삼지 않으면 문제가 안 되는데, 문제로 삼으니까 문제가 되는 것이다. 법이, 경찰이, 법원이 일이 더 커지기 전에 어쩔 수 없이 엄한 척하는 악역을 떠맡고 있다.

III

화성에서 온 판사, 금성에서 온 변호사

—◆◆◆◆◆—

법을 집행하는 자를 존경할 수 없으면,

법과 질서를 존중할 수 없다.

헌터 톰슨

고맙습니다, 판사는 없고 변호사는 있다

　　　　판사를 십수 년 하다가 변호사를 시작했다. 간혹 물어
보는 사람들이 있다. 왜 변호사를 하게 되었냐고. 여러 대답이
있을 수 있다. 은행 대출이 목까지 꽉 찼는데 전세보증금을 올려
달라고 하니 생활고에 쫓겨 판사를 그만두기도 하고, 매일의 격
무와 매번의 결정이 힘들어 뒤늦게 적성에 맞지 않는다는 사실
을 깨닫거나 판사로서의 무거운 책임감에서 벗어나고 싶어 법
복을 벗기도 한다. 주된 이유가 있겠지만, 이유가 그 하나만은
아닐 것이다.
　　나에게도 여러 이유가 있지만, 그중 하나는 '고맙습니다. 감
사합니다.'라는 말을 듣지 못하기 때문이다. 판사는 거의 매일같

이 판결문을 써야 한다. 일주일에 한 번 이상은 재판을 진행해야 한다. 한 달에 수십 건의 판결을 하자면 수백수십 개의 작은 결정을 해야 하고 그만큼의 고민을 한다.

때로는 형사사건에서 변호사가 변죽만 울리는 변론을 해서 판사가 두 팔을 걷어붙이고 매의 눈으로 석명권을 행사하여 피고인에게 유리한 증언 내용을 이끌어내 피고인이 무죄를 받는 경우도 있다. 민사사안에서도 변호사가 주장을 어설프게 해서 판사가 정리를 다 해주고 판결하는 경우도 있다. 변호사는 사건을 판사에게 던져만 놓아서 일은 판사가 다한다고 판사들끼리 이야기하기도 한다. 막상 알고 보면 변호사의 입장이 이와 조금 다르기는 하지만, 다들 자기가 더 고생한다고 생색을 낸다.

아무튼 그렇게 해서 원고가 이기거나, 피고가 이기거나, 피고인이 실형을 받지 않고 집행유예를 받거나 무죄를 받아도(물론 억울하게 지는 당사자도 있고 판결에 실망해 화를 내는 당사자도 있다.) 사건 당사자들이 여간해서는 판사에게 고맙다고 하지 않는다. 결과가 좋지 않으면 당사자들은 변호사를 탓하기도 하지만 판사를 비난하기도 한다. 그런데 결과가 좋으면 변호사에게만 고마워한다. 판사에게 고마워하는 경우는 별로 없다. 판사는 안중에도 없다고나 할까. 물론 변호사가 열심히 노력했기 때문에 사건이 좋게 해결

됐을 것이다. 그런데 판사 역시 그 사안의 해법을 찾기 위해 노력하고, 판결을 선고하기 위해 고민에 고민을 거듭하고, 재판부 합의를 이끌어내고, 공정하고 명료한 판결문을 쓰기 위한 노고를 마다하지 않는다. 요컨대, 변호사만큼 판사도 고생한다.

그런데도 판사가 내리는 유리한 또는 좋은 결론이 당사자에게는 어찌 보면 당연한 것이기에 새삼 판사에게 고마워할 생각은 거의 하지 않는다. 으레 돌려받아야 할 것을 찾아온 듯한 마음만 들 뿐이다. 무죄 판결이 나면 변호사에게 거듭거듭 고마움을 표시하면서 고급 포도주 한 병이라도 선물하지만, 정작 무죄 판결을 내린 판사에게는 포도 한 송이 줄 생각도 들지 않는다. 공무원인 판사는 응당 자기 업무를 한 것일 뿐, 뭘 받아도 안 되고 받을 것을 기대해서도 안 되지만, '좋은 판결을 내려주셔서 고맙습니다'라는 공치사 한 마디 건네는 사람이 없고, 법원 시스템상 그런 인사를 들을 기회조차 없다.

뭐랄까, 아무도 알아주지 않아 좀 외롭다고나 할까. 사마천(司馬遷)은 『사기(史記)』에서 "남자는 자기를 알아주는 사람을 위해 목숨을 바치고, 여자는 자기를 사랑해주는 사람을 위해 화장을 한다(士爲知己用 女爲悅己容)."고 했다. 페미니즘 시각에서 이 말의 시시비비를 따지는 것은 잠시 제쳐두고 보편적으로 생각해보면, 사람이 누군가로부터 인정받는 것을 좋아한다는 것은 분명하다.

판사를 그만두고 변호사로 일하다 보니, 결과가 좋지 않아 답답해하는 하소연을 듣기도 하지만, 결과가 좋아서 고맙습니다라는 말을 거듭거듭 듣기도 한다. 얼굴에 감출 수 없는 반달 모양 눈썹을 한 기쁜 표정과 함께.

일을 하면서 좋은 결과 덕분에 고맙습니다라는 말을 듣는 것은 매우 사소하지만 엄청나게 큰 보람이다. 누구나 보람이 있어야 자기 업의 즐거움이 오래갈 수 있다. 진심이 담긴 고맙습니다라는 말을 듣는 것은 일상을 이어가는 데 있어 끼니만큼이나 중요하다.

지나친 감정이입은 스트레스

　　피도 눈물도 없는 판사 같으니라고, 검사 같으니라고, 하며 격분하는 경우가 있다. 그들이 한 일이 엉터리라고 불만을 표시하는 게 아니다. 판결이나 결정이 마냥 틀렸다고 하는 게 아니라, 인정머리 없고 측은지심 없다고 원망하는 것이다.

　　대개 피고인이 하는 말이다. 피해자와 합의를 했고 어린 자녀도 있는데 엄마인 피고인에게 실형을 주면 애들은 도대체 어떻게 살라는 거냐며 하소연을 한다.

　　변호사를 하다 보면 의뢰인과 감정이 동기화되어 같이 분해하고 마음 아파하는 경우가 종종 있다. 하지만 생각해보면, 법조계에 종사하는 사람들은 그렇게 타인에게 감정이입이 되어서는 먹고살기 어려운 면이 있다. 판사 시절을 돌이켜보면, 특히 형사재판이 고역이었다. 민사재판에서는 원고와 피고가 한참 다투다가 선고일에 원고가 출석하지 않는 경우가 많아 원고의 얼굴을 보지 않고 원고의 청구를 기각합니다라고 판결하곤 했다.

하지만 형사재판은 아주 예외적인 경우를 제외하고는 피고인이 출석하지 않은 상태에서 판결을 선고할 수 없다. 재판이 진행되는 중에도 그렇지만 선고일에도 피고인은 많은 기대를 하며 법정에 선다. 무죄 선고를 원하고, 실형을 받지 않기를 소망하고, 법정구속을 당하지 않기를 바라고, 제발 벌금형이 나오기를 기대한다. 누구든 재판을 받다 보면 변호사나 주변인들로부터 이야기를 들어, 자신이 어느 정도의 판결을 받을지 예상한다.

하지만 많은 경우에 그 예상과 다른 판결이 선고된다. 예상판결이란 희망판결이니까. 선고를 들으러 오는 사람들의 초조와 기대, 희망이 좌절과 슬픔, 원망으로 바뀐다. 선고를 듣는 그 짧은 시간에 사람들의 눈에서 나오는 실망한 감정들, 낙담한 표정들은 마치 화살과 같이 날아들어 판사의 법복 여기저기에 꽂힌다.

나도 하루 종일 형사재판을 한 날에는 그런 화살들이 온몸에 잔뜩 꽂혀 고슴도치가 된 것 같은 느낌이었다. 사람마다 스트레스 해소법이 다르겠지만 나에게 가장 쉬운 방법은 친한 사람들과 술 한잔 하는 것이었다. 소주 폭탄주를 몇 잔 마시고 일상의 여러 이야기를 즐겁게 나누다 보면, 몸에 박혀 있는 화살들이 혈관을 타고 흐르는 알코올에 녹아 떨어져 나가는 듯했다.

그래서 판사는 하나하나의 사건에 신경을 너무 쓰다 보면 마음이 너덜너덜해진다. 버티기 어려워진다. 개별 사건과 적당한 거리를 유지해야 정서적 안정을 유지할 수 있다. 때론 감정에 갑옷을 입히고 있어야 한다.

변호사의 입장에서도 초조하게 기대하다가 실망스러운 결과가 나오면 의기소침해질 수밖에 없다. 판사와 달리 변호사는 결과가 좋을 때 술 한잔 하고 싶어진다. 결과가 나쁘면 술맛도 없으니 조용히 헬스장에 가서 아령이나 드는 게 더 낫다.

의사가 환자를 수술할 때, 환자의 아픔을 매번 느끼면 손이 떨려서 수술할 수 없을지 모른다. 지금 아픈 사람은 내가 아니라 환자라고, 초연하게 생각해야 오히려 수술을 더 잘할 수 있을 것이다.

법조인도 마찬가지다. 감정을 너무 많이 들이면 사건을 객관적으로 보지 못한다. 같이 아파하다 보면 매일매일이 스트레스가 된다. 조금은 냉정하고 차가운 법조인이 장기적으로 일을 잘

하는 법조인이 되지 않을까. 만약 자신도 모르게 의뢰인의 상황과 마음에 감정이입이 너무 많은 된다면, 법조인 대신 다른 직업을 찾아봐야 하지 않을까.

꽃이라 부르면 꽃이 된다

변호사를 시작한 지 얼마 안 되어 구치소로 피고인 접견을 갔다. 피고인은 일흔 살 정도였는데, 그의 이름에 '씨' 자를 붙여 부르며 이야기를 나누고 왔다. 피고인의 가명을 김지명이라고 한다면, "김지명 씨의 말씀은 이렇다는 거네요."라는 식으로.

그의 사건은 이미 몇 번 형사재판이 진행되어 기존 변호사들이 있었고, 나는 중간에 추가로 선임되어 들어갔다. 그런데 사건 변호사들끼리 모여 회의를 하는데 다들 피고인을 회장님이라고 불렀다. 사실 피고인은 회장님이 맞다. 여러 사업체를 운영하고 있었고, 그중 뭔가가 관련 법령에 저촉되어 구속 상태로 재판을 받고 있었다.

하지만 나로서는 피고인을 회장님이라고 부르는 것이 매우 어색했다. 판사로서 십수 년 동안 형사재판을 진행하면서 어느 피고인도 그냥 피고인으로 불렀지, 직함을 붙여 부른 적이 없었기 때문이다. 내가 김지명 씨를 처음 본 곳은 구치소 접견실이었고, 그가 입고 있던 옷은 수형복이었으니, 회장님이라는 호칭을 붙일 생각조차 하지 못했다. 오히려 다른 변호사들이 회장님이라고 부르는 것이 의아했다.

재판은 계속 진행됐고 우여곡절 끝에 피고인은 집행유예 판결을 받고 나왔다. 다들 수고해 줘서 고맙다는 인사를 하러 사무실로 찾아온 피고인은 말끔한 차림이었다. 말투는 똑같은데, 옷만 바뀌었다. 사람이 달라 보였다. 나도 회장님이라고 호칭하였다.

만약 내가 십 년 전부터 변호사를 하면서 그를 미리 알았다면, '김지명 씨'라는 호칭을 감히 쓰지 못했을 것이다. 그 호칭을 하는 나나, 호칭을 듣는 사람이나, 서로 맞지 않다고 생각했을 것이다.

하지만 나에게는 '회장님'이 먼저가 아니었기에 그렇게 부를 생각을 하지 못했다. 편견이 있었던 것이다. 구속되어 재판을 받고 있으면 무조건 나쁜 사람이 아닐까. 직함 호칭은 무슨! 그런데 생각해 보면, 이미 배우지 않았던가, 무죄추정의 원칙을! 이 원칙에 따라, 모든 피고인은 형이 확정되기 전까지 유죄가 아님을! 구속되어 한참 재판을 받다가 무죄로 나오는 경우도 실제로 있다. 이야기를 나눌수록, 알면 알수록, 그는 여러모로 회장님이었다. 사실 그는 수십 년간 사업을 운영해 오면서 형사적인 문제가 생긴 적이 없었다.

판사일 적에는 사건 중심으로 객관적이어야 하니까 직함 따위로 호칭할 수 없어 '피고인'이라고만 했다. 민사소송에서도 원고, 피고라고 부르지, 김사장님, 박사장님이라고 칭하지 않는다. 이걸 십수 년 하고 났더니, 의뢰인한테 직함 호칭을 붙일 생각을 하지 못했다.

하지만 변호사는 사건 이전에 사람을 보고 사람을 알아야 한다. 그러니 의뢰인이 어떤 잘못을 저질렀든, 돈을 주어야 할 사람이든 받아야 할 사람이든, 직함 호칭으로 불러주는 것이 맞는 것 같다.

골프를 치러 가면, 내가 사장이 아니어도 캐디는 '사장님'이라고 불러준다. 직함을 잘 모르면 그냥 '사장님'이다. 그 호칭이 어색해도, '이씨'라고 부르는 것보다는 훨씬 낫다.

또 누군가를 직함으로 호칭하는 것은 돈이 드는 일이 아니다. 그런데도 익숙지 않은 말은 입 밖으로 잘 나오지 않는다. 돈 드는 일에만 인색한 게 아니라, 때로는 돈 들지 않는 일에도 인색하다. 상대방을 존중하고 존대할수록 상대방도 나에게 마음을 여는 것이 인지상정 아닌가.

상대방을 존칭으로 부르면, 상대방에 대한 인식도 더 긍정적으로 바뀐다. 말이란 건 그런 것이니까. 누군가를 하대하지 않고 존중하는 호칭을 할 수 있다는 것은 그렇게 호칭하는 사람에게도 바람직한 일이다.

판사는 섬, 변호사는 마당발

판사는 아무래도 섬 같은 존재일 수밖에 없다. 친구가 많고 발이 넓은 판사도 있지만, 대부분의 판사는 인간관계의 폭이 좁다. 인생사를 다루는 재판을 하려면 폭넓은 경험이 필요하지만, 그렇다고 간접경험이 아닌 직접경험을 하는 것은 부담스러울 수밖에 없다.

주변에 사기꾼 친구가 있으면 어떻게 사기를 치는지 잘 알게 되니 사기 사건을 눈감고도 처리할 수 있을지 모른다. 친구 중에 조폭이 있으면, 협박의 의미가 무엇인지 잘 알 수 있을지 모른다. 하지만 그런 친구를 곁에 둘 수는 없다. 매번 친구의 사건을 해결해 줄 수도 없을 뿐 아니라, 친구가 자신의 이름을 팔고 다닐까 봐 겁이 나기도 한다.

판사는 아는 사람이 많을수록 상담을 해오는 사람의 숫자도 늘어난다. 특히 법조인이 아닌 일반인은 판사들이 서로 잘 안다고 생각한다. 나는 담당판사를 알지도 못하는데, "조카 양반, 내가 울산에서 형사사건이 있는데, 그 판사한테 이야기 좀 해주면 안 될까?"라고 서슴없이 요청한다. 이런저런 인사치레 이야기는 결국 이런 부탁을 하기 위한 밑밥에 불과하다. 나는 단호하게 말한다. "그분은 제가 잘 모를 뿐만 아니라, 판사들은 그런 거 엄청 싫어합니다. 전화해서 부탁하면, 오히려 역효과가 날지 모릅니다."

이러니 판사들은 판사랑 노는 게 제일 부담 없고 즐겁다. 남들이 들으면 하나도 재미없는, "인천의 모 합의부장이 벙커(배석판사를 힘들게 하는 부장을 일컫는 말)라던데, 수원의 모 배석은 기록도 안 봐서 부장이 죽을 맛이라던데." 같은 이야기를 하면서 즐거워한다. 술집에 가더라도 직업을 들키지 않으려고 다들 서로 무슨 프로, 무슨 프로라고 칭한다.

반면, 변호사는 이런 제약에서 벗어나 있다. 판사에게는 사업한답시고 사고 치며 다니는 친구들이 소원(疏遠)의 대상이지만, 변호사의 입장에서는 그 사고가 다 변호사의 도움이 필요한 일들이니 웬만해서는 만나는 사람을 제한할 필요가 없다.

맨날 가는 집 앞 슈퍼 아주머니가 법률 이야기를 하면, '사실 저 변호사인데요'라고 하면서 명함을 건네주고 싶은 생각도 든다. 실제로 그렇게 하기는 머쓱하고 어색해서 해본 적이 없지만.

그런데 판사를 하다 변호사를 하면 친구를 잃게 된다. 판사 시절에 온통 판사들하고만 술 먹으며 놀다가 변호사를 하면 판사를 만나기가 쉽지 않아진다. 어떤 판사는 변호사랑 자주 어울리는 것 자체를 꺼린다. 또 어떤 판사는 담당하는 사건 중에 아는 변호사가 수임한 사건이 있어서, 감히 사적으로 만날 엄두를 내지 못한다. 이런저런 이유로 제외하다 보면, 정말 친하게 지냈던 판사하고도 가물에 콩 나듯 얼굴을 보게 된다. 결국 편하게 자주 만나는 사람은 같이 판사도 하고 비슷한 시기에 변호사를 시작한 사람들이 된다.

처음부터 아예 나중에 변호사를 할 거라 생각하고 판사를 한다면, 판사 시절에 폭넓게 사람들을 사귈 것 같다. 하지만 그런 마음이 있다고 해도 법복을 입은 상태에서는 늘 사람을 조심하게 되니, 잘 모르는 사람들과 어울려 즐거운 술자리를 갖기 어려울 것이다. 성격 탓, 취향 탓일 수도 있지만.

양복, 판사에겐 선택! 변호사에겐 필수!

평생 판사를 하면 어쩌면 양복 한 벌만 있어도 될지 모른다. 양복을 입을 일이 많지 않기 때문이다. 물론 매일 빳빳한 하얀 와이셔츠에 양복을 갖춰 입고 출퇴근하는 판사도 있다. 하지만 필요성의 잣대로 보면 그럴 필요가 없다. 판사실이 외부인 출입 금지 구역이기도 하거니와 판사는 업무시간에 외부인을 만날 일이 도통 없다.

출퇴근할 때 여름에는 반팔 셔츠, 봄가을에는 잠바, 겨울에는 코트만 하나 걸치면 된다. 일주일에 한 번쯤 진행하는 재판에서는 법복을 입는다. 법복 안에는 흰 셔츠면 족하다. 법원 동료들끼리 저녁 회식을 하거나 친구를 만날 때도 그냥 잠바를 입고 간다. 판사가 잠바를 입고 다닌다고 해서 대놓고 뭐라고 하는 사람도 없다.

다만 유사시를 대비해 사무실과 집에 양복 상의를 하나 두면 된다. 가끔 법원에 대법관이라도 방문하면 의관을 정제해야 하니까. 또 상갓집에 갈 때에도 양복을 입고 가야 하니까. 이런 일을 제외하고는 양복을 입을 일이 거의 없다.

판사를 그만두고 변호사 일을 시작한 초반에는 예전 버릇을 버리지 못하고 잠바를 잘 입고 다녔다. 그런데 뭔가 불편했다. 아는 사람을 만나면 양복을 입고 있지 않은 변호사가 왠지 좀 초라해 보인다고나 할까.

지금은 아무도 만나지 않더라도 출퇴근 때 양복을 입는다. 의뢰인이 사무실에 상담받으러 오면 콤비 정장 재킷이라도 챙겨 입는다. 너무 딱딱하지 않으면서 유능하고 프로페셔널하게 보여야 하니까 계절별로 재킷을 맞춰 입는다. 양복을 사지도 입지도 않고 지내다 막상 백화점에 가서 사 입으려니 너무 비싸 보여 자연스럽게 아울렛에 가게 된다. 백화점에서 한 벌 살 값이면, 아울렛에서 서너 벌은 살 수 있으니까.

변호사로서 사람을 만나고 법정에 가려면 스스로를 그럴듯하게 포장해야 한다. 그러고 보니 판사로 근무할 적에 여름에도 긴 셔츠를 입고 다닌 동료 판사들이 있었다. 땀을 삐질 흘리면서도 긴 셔츠를 고수한 패션의 고수들이다. 그들은 겨울에도 파카 같은 것은 입지 않고 양복을 고수했다. 핏(fit)이 망가지면 안 되니까. 가끔 그런 동료를 놀린 적도 있다. "여름 날라리 더워 죽고, 겨울 날라리 추워 죽는다."고.

판사의 시간은 변호사의 시간보다 빠르다

　　　인생에는 질적 시간(quality time)과 양적 시간(quantity time)
이 있다. 매일 변화 없이 똑같은 생활을 하면서 보낸다면 그것은
양적 시간이다. 출퇴근하면서 보내는 시간도 대개는 양적 시간
이다. 누구랑 같이 있는 시간이 너무 즐거우면 그것은 질적 시간
이고, 시간을 그냥 때우기만 한다면 양적 시간이다. 인생에서 질
적 시간이 많았다면 행복한 사람일 것이고, 주로 양적 시간만 있
었다면 불행하지는 않더라도 재미있는 인생은 아닐 것이다.

　누가 더 오래 살았는지를 양적 시간이 아니라 질적 시간을
기준으로 한다면 어떻게 될까? 당신은 양적 시간으로 80년을
살았고 질적 시간으로 6개월 사셨군요, 당신은 양적 시간으로

60년 살았고 질적 시간으로 2년 사셨네요, 라고 한다면 후자가 더 오래 산 것이 된다. 안타깝게 서른세 살에 요절한 모차르트가 평범하게 80년을 산 사람보다 더 오래 살았을 수 있다.

그렇다면 판사의 시간과 변호사의 시간은 어떻게 다를까? 누가 시간의 흐름에 더 민감하고, 누가 질적 시간을 더 많이 보낼까?

우선 판사는 월급을 받는 사람이고, 변호사는 (월급 받는 변호사도 있지만) 일반 자영업자와 같이 개인사업자로서 스스로 벌이를 해야 하는 사람이다. 판사는 매달 20일 월급날이 기다려진다. 하지만 변호사는 다달이 사건을 수임해서 직원 월급을 주고 본인도 먹고 사는지라 월급날이 두렵다. 월초에 일찌감치 큰 건을 수임했다면 여유로운 한 달을 보낼 수도 있지만, 한 달이 다 지나가는데 사건을 수임한 게 없다면 침울해질 수 있다. 그러니 하루하루 지나가는 것에 변호사가 더 촉각이 서고 시간의 소중함도 더 느끼지 않을까?

또한 판사의 일이 변호사의 일보다 단조롭다. 법원에서 판사로 근무할 적에 누군가 나더러 월, 화, 수, 목, 금에 뭐 하냐고 물으면 월요일에 판결문 쓰지, 화요일에 판결문 쓰지, 수요일에 판결문 쓰지, 목요일에 재판하지, 금요일에 판결문 쓰지라고 답하곤 했다. 다음 주, 그 다음 주, 그 다음다음 주에 뭐 하냐고 물어도 답은 매한가지였다.

판사는 1년 내내 기록을 보고, 판결문을 쓴다. 늘 같은 일을 반복하기에, 때론 쳇바퀴를 뛰는 다람쥐 같다는 생각을 한다. 더구나 일주일 단위로 반복된다. 이번 주는 판결문 5건 쓰고, 기록 보고, 재판하고. 다음 주는 판결문 6건 쓰고, 기록 보고, 재판하고. 1년이 365일 제각각으로 흐르는 것이 아니라, 마치 시장에서 낱개로 팔지 않고 묶음으로 파는 대파처럼 일주일씩 묶여서 지나가는 듯하다. 그러니 1년이 365일이 아니라 52일 같은 느낌이랄까.

변호사의 시간은 판사의 시간보다 다양하다. 재판의 종류도 좀 더 다양하고, 중간에 법률 상담이나 의뢰인 미팅도 하고, 구치소에 피고인 접견을 가기도 한다. 이번 주가 지난주와 다르고 다음 주와도 다르다. 어른이 되면 어릴 때보다 시간이 더 빨리 간다고들 말한다. 아마 어릴 때는 새로운 것들을 매일 경험하지만 어른이 되어서는 새로운 경험을 하는 경우가 드물어 같은 일을 반복하는 생활 속에서 시간의 차별성을 느끼지 못하기 때문일 것이다. 그제와 어제가, 어제와 오늘이 좀 달라야 날짜 구분 감각이 생기지 않을까.

요컨대, 변호사가 판사보다 질적 시간을 더 많이 사는 듯하다. 변호사는 의뢰인과 점심 먹으면서 막걸리 한 사발 하다가 오후에 급한 일이 없으면 사무실에 가지 않아도 되지만, 판사는 공무원이라 땡땡이를 칠 수가 없다.

산책에서 드러나는 직업

법원 판사로 근무하면, 사실 일과(日課) 시간에 움직일 일이 별로 없다. 앉아서 판결문만 쓰면 되니, 재판도 앉아서 하다 보니, 차로 출퇴근하는 판사는 아마 하루 걸음 수를 걷기 앱으로 재보면 천 보밖에 안 될지 모른다. 그러니 점심시간에 밥 먹고 나서 산책하는 것은 매우 바람직한 활동임에 틀림없다.

그런데 판사들의 고지식한 면이 가장 잘 드러나는 경우가 산책일지 모른다. 합의부는 합의부장과 우배석, 좌배석으로 구성된다. 합의부 중에서 서로 친분이 두터운 합의부나, 합의부장이 산책을 좋아하고 배석판사들이 부장 의견을 존중해 주는 합의부는 이따금 점심 식사 후에 산책을 한다. 그런데 산책을 하면서 합의부장을 중심으로 우배석은 부장의 오른쪽에서 걷고 좌배석은 부장의 왼쪽에서 걷는다. 걸음도 배석판사들이 부장보다 앞서 걷는 경우가 별로 없다. 문을 열려고 배석판사들이 잠시 먼저 가는 경우를 빼놓고는.

합의부장과 배석판사들이 걷는 모습을 옆에서 보면, 배석판사들이 조금이라도 앞설 경우, 마치 축구에서 오프사이드 반칙을 한 것처럼 멈추어 발걸음 속도를 조절한다. 어쩌다가 좌우 배석판사의 위치가 바뀌면 세 명 모두 어색함을 느낀다. 그렇다고 이것이 꼭 나쁘다는 건 아니지만, 이런 형세를 유지하며 산책하는 모습을 다른 사람이 보면 조금 우습거나 재밌을 수 있다.

반면에 변호사는 굳이 산책을 하지 않아도 되는 직업이다. 아무래도 돌아다닐 일이 많기 때문이다. 하루에 몇 번이나 재판에 들어가는 날에는 크게 노력하지 않아도 만보를 걷게 된다.

점심시간은 직장인의 낙(樂)이다. 점심시간에 조금이라도 산책을 하면 생활의 활력소가 된다. 사무실 건물 내 식당에서 점심을 때우고 다시 근무하다가 퇴근을 하면, 하루 종일 회사에 갇혀 있었던 꼴이 된다. 이렇게 살다 보면 계절 가는 것도 느낄 수 없다. 낮에 조금이라도 산책을 해야 벚꽃 피는 것도 보고, 은행잎이 노랗게 지는 것도 보게 된다. 겨울의 황량함을 느끼고 봄을 그리워하게도 된다.

일과 마음에 여유가 있는 날에는 조금 멀리 걸어도 된다. 차로 편도 15분 걸리는 출퇴근길을 걸어가면 50분 정도 걸리는데, 그렇게 걷다 보면 왠지 자유로워진 듯한 기분이 들고, 여러 생각이 정리되기도 한다. 고민거리가 많을수록 자꾸 걷다 보면 실제로는 중요한 문제가 아닌 거 같기도 하고 나름의 해결책이 떠오르기도 한다. 자꾸 걷다 보면 뭔가 깨달음이 더 올 것 같아 계속 걷게 된다.

일복, 판사는 힘겹고 변호사는 반갑다

　　서울중앙지방법원에서 열리는 재판에 변론하러 가다가 법원 입구에서, 판사 시절 함께 근무했던 후배 판사를 만났다. 오랜만이라 서로 반갑게 인사를 나누는데 후배가 하소연한다.

　　"형, 저 진짜 재수가 나쁜가 봐요."

　　왜 그러냐고 묻자, 요즘 언론에 많이 나오는 중요한 사건을 맡은 형사합의부의 배석판사가 되었다고 한다. 배석판사를 거쳐 단독판사가 된 이후에도, 배석판사가 모자라면 배석 경력이 짧은 단독판사가 다시 배석판사로 끌려가기도 한다.

　　"어떡하냐?"라고 위로했다. 그 재판부는 아마 일주일에 거의 5일 내내 재판을 할 것이다. 구속 기간이 정해져 있는 데다 증인이 많고 치열하게 다투고 있으니, 일주일에 5일을 재판하면 판결문은 주말에 쓸 수밖에 없다.

요즘 주 52시간 근무제를 위반하면 고용주를 형사처분한다고 하는데, 이를 판사에게 적용하면 주 52시간을 초과해서 근무하는 판사가 많아 법원장들이 모두 형사처분될지도 모른다(물론 판사는 일반 노동자가 아니니까 그럴 수 없지만).

'주어진 업무가 있으면 판사는 일을 해야지, 무슨 불평?'이라고 말할 수도 있다. 판사는 불평을 하면서도 계속 일할 것이다. 그런데 전국적으로 보면 판사들마다 일의 강도에 격차가 있을 수밖에 없다. 어떤 판사는 야근하지 않아도 되지만, 어떤 판사는 주말에도 일하지 않을 수 없다. 똑같은 월급을 받는 입장에서 입이 나오지 않을 수 없다.

요즘 법원에서는 고등법원 부장판사 승진 제도를 없애고 평생법관제를 지향하고 있다. 그러니 평생 할 판사 일을 어느 때고 진 빠지게 하는 것이 달가울 리 없다. 판사가 업무 많은 사무분담을 받으면 일복이 많다고 한다.

꽤 오래전 수원지방법원에 경매 업무를 담당한 동료 판사가 있었는데, 우연찮게 그곳을 방문한 일본 판사들이 그에게, 일본에서는 판사 열 명이 할 일을 당신 혼자서 해내고 있다고 말한

적이 있다. 그는 어딜 가나 사건이 많았다. 내가 판사로 근무한 같은 기간을 비교하면 그는 나보다 일을 두 배는 더 한 것 같다. 연수원 동기이고 같은 동네에 살아서, "형, 저녁에 맥주 한잔 할까?" 하고 전화하면 "안 돼, 사무실이야."라고 답하는 경우가 많았다. 그러고는 써야 할 판결문의 내용과 건수를 늘어놓았다.

"그럼, 열심히 하세요. 다음에 봐요."

좀처럼 그의 얼굴을 볼 수 없었다.

판사에게 일복이 많으면 그다지 좋다고 할 수 없지만, 변호사는 일복이 많으면 기본적으로 좋다. 그런데 일을 엄청나게 많이 하면서 투덜대는 변호사도 간혹 있다. 사안이 간단해서 착수금을 적게 받고 해주기로 하고 법정에 한 번만 나가면 될 줄 알았다가, 일 년 내내 재판을 하기도 한다. 이럴 줄 알았으면 더 받았어야 하는데, 하면서 흑흑, 한다.

그래서 작전에 실패한 교관은 용서할 수 있어도 배식에 실패한 병사는 용서할 수 없다는 말처럼, 사건에 패소한 변호사는 용서할 수 있어도 수임 약정에 실패한 변호사는 용서할 수 없다는 말도 있다.

일이 있다는 것은 좋은 일이다. 하지만 너무 많은 일은 사람에게서 평정심을 앗아간다. 실행하기 쉽지 않지만 요즘 말로 워

라밸(work and lifestyle balance)이 역시 중요하다. 밸런스를 유지하지 않으면 어느 순간 번아웃(burnout)되기 마련이니까.

하늘은 스스로 돌보는 자를 돌본다

재판 전날이면 밤을 새우다시피 하는 판사가 있었다. 기록을 보고 판결문을 쓰며 재판을 준비하느라 퀭해진 눈으로 법정에 들어가곤 했다. 친하지 않은 분이라 그러지 마시라고 말하기도 멋쩍었다.

판사를 시작하면 처음에 합의부 좌배석에 앉는다. 합의부에서는 연차가 높은 사람이 우배석, 낮은 사람이 좌배석이다. 요즘에는 합의부 배석 연차가 하도 높아서 배석을 10년째 하는 사람도 많지만, 예전에는 배석 기간이 그리 길지 않았다.

판사 초임으로 내가 좌배석이었는데, 우배석이던 그 판사는 나와 나이가 같았다. 서로 존대하면서 일 년을 지냈다. 판사들은 서로 말을 잘 놓지 않는다. 원래 오래 알던 사람이거나 연수원 동기가 아니면 호형호제하지 않는다. 나이가 어려도, 연수원 기수가 낮아도, 판사로서 서로 존중해야 한다는 심리가 깔려 있다.

그 우배석 판사가 어느 날 피곤을 호소했다. 술을 많이 마시지 않고 담배도 피우지 않기에 몸이 갑자기 나빠질 특별한 이유가 없었다. 그런데 사무실 소파에서 잠들면 일어날 줄 몰랐다. 그러다 며칠 후 눈이 노래졌다. 황달기가 있어 보였다. 병원에 가보시라고 했다. 그는 괜찮다고 하다가 급기야 병원에 가보니 급성간염이었다. 추측건대, 얼마 전에 먹은 회가 좋지 않았거나, 최근에 먹은 한약이 너무 독했던 게 아닐까 하는 생각이 들었다. 결국 이유는 알 수 없었다.

병원에 입원을 했다. 합의부에서 배석판사 중 한 명이 결석하면 비상 상황이다. 산적한 판결문 작성 작업을 나머지 배석이 혼자서 다 감당하기는 어렵다. 재판일에는 합의부를 맞추기 위해 다른 합의부에서 배석을 꾸어 와야 한다. 이를 몸배석이라고 한다. 몸만 배석한다고. 그러면 그 판사는 자기 사건이 없는 남의 재판부에 몸배석으로 하루 종일 앉아 있어야 한다. 몸배석 판사의 입장에서는 하루를 공치는 것과 같다.

그러다 어느덧 우배석 판사가 병원에 입원한 지 한 달이 지

났다. 별로 차도가 없었다. 두 달이 지나 석 달이 가까워졌다. 병가를 연장하려고 하니, 법원에서 더 이상은 안 된다고 했다. 그럼 어떡해야 하냐고 물으니, 휴직하든지 출근하든지 선택해야 한다고 했다. 그래도 계속 몸이 아프면 어떡해야 하냐고 물으니, 사직해야 한다고 했다. 조직의 비정함이 느껴졌다. 급성간염이 온 것이 일 때문은 아니겠지만, 조직은 개개의 구성원에게 무심했다.

다행히 3개월이 다 되어 갈 즈음 간 수치가 좋아지기 시작했고, 그는 지금도 법원에서 잘 근무하고 있다.

그의 일이 있고 난 뒤로 나는 열심히 일하느라 자기 몸을 돌보지 않는 후배 판사를 보면, 이렇게 이야기했다.

"열심히 하는 건 좋은데, 그러다 아프면 조직은, '왜 그렇게까지 열심히 했냐'고 반문할 거니까, 자기 몸을 스스로 챙겨가며 열심히 해야지. 조직은 좀 요령 있게 자기 몸을 아껴 가며 오래 일할 사람을 필요로 하지, 무식하게 일만 하다가 아파서 그만둘 사람은 필요로 하지 않아. 법원 조직에는 주인이 따로 없거든."

어쩌다 술을 많이 마시거나, 어쩌다 몸이 너무 아프면, 쉬어야 한다. 그런데도 지친 몸을 질질 끌고 나와서 일하는 판사들이 있다. 그러다 아프면 자기만 손해인데.

변호사도 마찬가지다. 스스로 자기 몸을 돌봐 가며 일해야한다. 어찌 보면 변호사는 몸뚱아리 하나가 유일한 직업 자산이니까.

가끔 밤늦게까지 퇴근하지 않고 일하는 어소 변호사(associate lawyer, 파트너 변호사가 되기 전의 변호사)가 있다. 그에게 늦게까지 일하지 말고 대강 하고 다음 날 하시라고 말한다. 매일 밤새며 일하다가 쓰러지면 다른 사람들이 나를 동정은 하지만 도와줄 수는 없다. 톰슨가젤은 무리 지어 이동하며 함께 살지만, 막상 치타에게 한 마리가 붙잡히면 나머지 가젤들이 도와줄 수 없는 것처럼.

변호사에게 없는 판사만의 비밀 병기

법원에서 판사로 근무한 경험이 있는 변호사가 제일 아쉬워하는 점은 아마 하급심 판결문 접근성일 것이다. 처음부터 변호사를 한 사람이야 잘 모르겠지만, 법원에서 판결문을 쓰는 데 있어 결정적인 무기가 바로 하급심 판결문이기 때문이다.

형사사건이든 민사사건이든 동종의 하급심 판결문이 이미 차고 넘칠 정도로 많다. 보조금 사기의 무죄 여부를 다툴 경우, 코트넷(사법부 내부 전산망)에 들어가 판결문 검색창에 '보조금', '사기', '무죄'라고만 검색해도 최소 몇백 개의 판결문이 뜬다. 판사가 자신의 사건에 맞추어 검색어를 추가하면, 이를테면 '의료 기구'를 추가하면, 자신이 판결문을 써야 하는 사건에 더 가까운 다른 판결문을 찾을 수 있다. 노동 사건이든 행정 사건이든 마찬가지다. 물론 간혹 사건 자체가 매우 특별하여 동종의 하급심 판결이 없을 수도 있지만, 판결문에 내세울 법리에 기존의 다른 하급심 판결문이 도움이 된다.

대법원 판결 역시 변호사들은 매우 제한적으로 볼 수 있지만, 판사들은 코트넷에서 대법원 판결 전체를 볼 수 있다.

그러니 판사들한테 앞으로 몇 달간 하급심 판결문 검색을 이용할 수 없다고 공지하면, 그동안은 판결문을 많이 쓰지 못할 수 있다. '개점휴업'할 수도 있고, 판결문을 쓰면서 불안불안해 할지도 모른다. 이전에는 여러 예를 참조하여 종합하고 분석해서 판결문을 썼다면, 당분간은 막막한 상태에서 자신이 중요한 사항을 놓친 채 판결할까 봐 움츠러들지 않을 수 없을 것이다.

예전의 박식한 판사란 대법원 판결을 비롯한 판결문을 많이 숙지하고 있는 판사였다면, 요즘의 유능한 판사란 자신의 사건과 정확히 부합하는 대법원 판결과 하급심 판결을 잘 찾아내는 판사일지 모른다. 판결 데이터가 이미 너무나 풍부하기 때문에, 검색 능력이 가장 중요하다. 바둑 천재 이세돌이 운 좋게 한 판 이기긴 했지만 더 이상 인공지능(AI)과 대적할 수 없듯이, 아무리 기억력 좋은 판사라고 할지라도 방대한 하급심 판결 데이터베

이스를 이길 수는 없다.

반면, 변호사가 하급심 판결을 보려고 하면 험난한 과정을 거쳐야 한다. 법원에 판례 검색을 신청해서 정해진 날짜, 정해진 시간에 가야 하고, 마음대로 출력하거나 파일에 저장해 올 수도 없다. 나름대로 외우거나 몰래 기재해 온 사건번호로 다시 판결문 사본 열람 신청을 해야 한다. 하지만 그런 방법으로 하급심 판결문을 도대체 몇 건이나 제대로 찾을 수 있을까.

요컨대, 판사와 변호사의 가장 큰 차이는 무기가 대등하지 않다는 것이다. 어차피 무기 대등 문제는 사건 당사자들의 문제이고 변호사들이 모두 하급심 판결을 쉽게 볼 수 없으니 무기 대등의 원칙이 지켜지고 있다고 해야 할까.

물은 위에서 아래로 흐르고 정보는 적은 곳에서 많은 곳으로 흐른다. 어떤 분야든 정보가 부족한 사람이 자신의 정보를 제공하며 전문가에게 계속 물어보게 되니, 전문가는 더욱더 많은 정보를 갖게 된다. 법원은 더욱더 많은 사건들로 하급심 판결을 축적해 나가므로 판사는 더 많은 정보를 갖게 된다.

법원에서 일할 적에 자신이 엄청나게 결론을 잘 내리고 판결문을 잘 쓴다고 생각했던 판사도 일단 법복을 벗고 변호사가 되고 나면, 자신의 손에 쥐어 있던 창과 방패, 칼과 갑옷이 몽땅 없어지고 돌팔매 하나만 쥔 채 황량한 들판에 선 느낌이 들지 모른다. 가장 큰 무기인 하급심 판결문은 법원 문을 나서는 순간 다 놓고 나와야 하니까.

일 잘하는 파트너는 꽃이다

영화 「타짜」를 보면 중간에 소제목으로 "도박의 꽃, 설계자"라는 말이 나온다. 사기도박에서는 도박 판을 잘 짜는, 잘 설계하는 설계자가 제일로 중요하다는 것이다.

재판의 꽃은 실무관이다. 판사가 재판을 하는 데 있어 실무관의 역할이 그만큼 중요하다는 말이다. 하나의 재판부가 원활히 돌아가려면, 사건 당사자들이 제출하는 서면을 기록에 편철하는 일, 그 서면을 판사에게 가져다가 보여주는 일, 각종 서류를 당사자들에게 송달하는 일, 피고인의 구속 기간을 확인하는 일 등 판사가 재판을 진행하고 판결을 내리는 데 필요한 각종 물밑작업을 누군가가 도맡아 해야 하고, 그가 바로 실무관이다.

판사 입장에서는 일 잘하는 실무관을 만나는 것이 그해 판사 생활을 실수 없이 깔끔하게 해내는 데 엄청나게 중요하기 때문에 실무관이야말로 재판의 꽃이라고 할 수 있다. 남녀불문 미모야 어떻든 일 잘하면 다 예뻐서 꽃이다.

합의부 부장판사는 배석판사도 잘 만나야 한다. 물론 배석판사의 입장에서도 부장판사를 잘 만나야겠지만. 결론을 잘 내리지 못하고 판결문도 잘 쓰지 못하는 배석판사를 만나는 부장판사는 일 년 내내 말도 못하고 끙끙거리게 된다. 마찬가지로 소위 '벙커부장'을 만나는 배석판사는 육아휴직이라도 내고 싶을 정도로, 함께 일하는 일 년이 가시방석이 된다.

판사는 조서를 작성하는 참여관도 잘 만나야 하고, 증인신문 내용을 정확하고 깔끔하게 속기하는 속기사도 잘 만나야 한다. 그런데 판사들끼리 부대끼는 합의부 판사 외에 단독판사도 많으니 전반적으로 가장 중요한 파트너는 역시 실무관이다. 법정에서 재판을 여는데 사건 당사자에게 서류 송달이 안 되어 있을 경우 그보다 황당한 일이 없다. 피고인이 구속 기간이 지나서도 갇혀 있으면 판사가 피고인을 불법 구금한 것이 되어(물론 요즘에는 전산에 다 뜨지만) 수습하기도 어렵다.

종이 기록을 잃어버리는 경우도 있다. 요즘은 형사재판을 제외하고는 전자소송으로 하기 때문에 기록을 잃어버리는 경우가 거의 없지만, 예전에는 그런 일이 종종 발생했다. 판사가 기록을 집에서 본다며 가져갔다가 지하철에 놓고 내리기도 했다. 실무관이 기록을 어디에 두었는지 찾지 못해 판사실, 문서과, 때로는 검찰청을 거듭 뒤지기도 했다. 기록을 잃어버리는 경우에는 사건 당사자들에게 전화해서 그들이 가진 서면과 증거를 다시 모아 불완전한 기록을 만드는 굴욕의 시간이 따르게 된다.

아무튼 실무관이 일을 빨리 꼼꼼하게 해내면, 판사는 그 해에 복 받은 것이다. 요즘은 법원 일반직으로 들어오려면 100 대 1의 경쟁률을 뚫어야 하니 기본적으로 다들 유능하지만 말이다.

같이 일하는 사람을 잘 만나야 하는 것은 변호사도 마찬가지다. 나와 친한 어느 변호사는 자신이 뽑은 어소 변호사에 대한 불만을 한동안 나에게 늘어놓기도 했다. 어떻게 이걸 모를 수 있냐, 의견서에 이렇게 쓰는 게 이게 말이 되냐 등등. 그는 어소 변호사가 이직할 때까지 계속 끙끙댔다. 자기가 무슨 자선사업가냐고 불평하면서.

변호사에게도 함께 일하는 직원이 중요하다. 변호사가 서면을 작성하기까지의 각종 작업을 보조하고, 법원에 서면을 제출하고, 각종 불변기간을 챙기는 등의 일을 직원이 제대로 하지 못하면 변호사는 뒷목을 잡을 수밖에 없다.

　판사, 검사, 변호사 외에 법조계에서 일하는 근로자들을 영어로 패럴리걸(paralegal, 법률가 보조원)이라고 한다. 미국 드라마 중에 「슈츠(Suits, 소송)」라는 프로그램이 있는데, 우리나라에서도 리메이크되어 드라마로 방영됐다. 이 미국 드라마에서 변호사의 패럴리걸로 나온 메건 마클(Meghan Markle)은 아마 가장 성공한 패럴리걸일 것이다. 영국의 왕자 해리 윈저(Henry Windsor)가 이 드라마를 보고 메건에게 반해 결국 결혼을 했고 메건 마클은 영국 왕족이 되었으니 말이다. 아이러니하게도 지금은 남편을 따라 다시 평민이 되었지만.

판결문과 서면은 묵혀야 제맛이 난다

판사는 한 달 동안 써야 하는 판결문의 수 자체가 많다. 그렇다 보니 가끔은 어쩔 수 없이 주취 상태에서 판결문을 쓰기도 한다. 오늘까지 판결문을 써야 하는데, 불가피한 회식이 생길 수 있다. 그러면 1차에서 돌아가는 소주 폭탄주를 어쩔 수 없이 몇 잔 마시고 나서 사무실로 돌아와 판결문을 마저 끝내야 한다.

그런데 이러면 판결문이 얼마나 잘 써지는지 모른다. 평소에 두 시간 걸릴 일을 한 시간 안에 해낸다. 거나한 취기 속에 그렇게 몇 건을 쓰고 나서 뿌듯한 마음으로 퇴근한다. 문제는 다음 날이다. 명정(酩酊) 상태를 어느 정도 지나서 보니 판결문이 그야말로 개판이다. 결론은 둘째 치고, 문장도 비문이고, 논리도 비약되어 있다. 다시 써야 한다. 아니 쓴 만 못하다.

이런 예외적인 경우를 제외하더라도, 판결문을 완성하고 나서 조금 지나 다시 보면 마음에 들지 않을 때가 많다. 처음 쓸 때 미처 생각지 못했던 논리도 생각나고, 당사자들의 주장 중에서 판결문에 굳이 언급하지 않은 부분들도 계속 머릿속을 맴돈다. 써놓은 판결문은 치즈처럼, 된장처럼, 와인처럼 숙성의 시간이 필요하다. 잠시 장독이나 오크통에 넣어 두어야 한다. 다른 일을 하다가 리프레쉬(refresh)된 시각으로 다시 봐야 한다. 그러면 수정할 것이 보이고, 놓친 것이 보인다. 다른 시각에서 보면, 섣부른 결론이 고민되기도 한다.

불교에서 깨달음을 얻기 위해 잡는 화두를 주제넘게 갖다 붙이려는 것은 아니지만, 구체적 사건의 쟁점을 다시 차분히 따져보고 여러 날 이리저리 생각해보는 것은 화두를 풀어내는 것과 비슷한 면이 있다.

판사와 다르긴 하지만 변호사의 일도 그러하다. 구체적인 사건을 어떻게 풀어놓아야 할지, 무엇을 더 주장해야 할지, 어떤 증거를 추가로 제출해야 유리할지 여러 번 고민해야 한다. 도자기나 장어처럼 초벌구이, 재벌구이를 해야 한다. 혼자서 생각하다가 동료들에게, 이런 사건이 있는데 어떻게 생각하냐고 물어보기도 해야 한다. 그러다 보면, 아, 이 방법이 좋겠다, 이 부분을 추가로 주장해야겠다는 생각이 번쩍 들기도 한다. 자꾸자꾸 생각하다 보면, 사건 해결의 길이 보인다.

판결문을 대하는 판사처럼 변호사도 일단 써놓은 서면을 잠시 장독에 넣어두었다가 조금 지나 다시 보면 사안의 쟁점이 화두처럼 풀려 두둥, 하고 번뜩이는 생각이 떠오를지 모른다.

서면의 미학을 아는가?

　　법률가는 누구나 서면(書面)의 미학에 신경을 쓴다. 그
렇다고 글자를 예쁘게 쓰거나 문학적인 표현을 쓰는 것은 전혀
아니다. 서면의 전체 구성과 적확한 단어 사용, 상대방을 설득하
기 위한 표현 등을 고심해서 쓴다는 것이다.

　우리 사법연수원에서 검찰시보를 하던 시절에, 산적같이 생긴 담
당검사가 공소장을 쓰는 데 엄청나게 심혈을 기울이는 모습을
보았다. 그때만 해도 문장을 나누어 쓰는 경우가 적어서, 긴 공
소장을 거의 한 문장으로 완결했다. 그 검사는 담배를 뻑뻑 피워
대며 고심에 고심을 거듭했다. 그야말로 호랑이 담배 피우던 시
절이 아니고 사무실에서 검사가 줄담배 피우던 시절이다. 판사

초임 시절의 재판부 부장은 민사 판결문을 고치고, 고치고, 또 고쳤다.

나는 판사 시절에 판결문의 장수를 가급적 딱 맞추려고 했다. 가령, 판결문이 10장인데 11장째로 1줄이 넘어간다? 이런 건 참을 수 없는 일이었다. 표현을 조금 바꾸든지, 정 안 되면 줄 간격을 미세하게 조정해서 페이지 수를 딱 맞추었다. 또 본문 내 큰 제목이 페이지 안에서 어중간하게 시작하지 않게 하려고 애썼다. 만약 목차가 '1. 기초사실, 2. 손해배상의 원인, 3. 손해배상의 금액, 4. 결론'이라고 한다면, 페이지의 둘째 줄에 큰 제목인 '3. 손해배상의 원인'이 들어가는 것은 절대 용납할 수 없었다. 그건 내 기준으로는 판결문의 미학에 반하는 것이었다.

법원에서 판결문을 작성할 때는 반드시 판결문체를 써야 한다. 줄 간격도 250퍼센트로, 글자 크기도 12포인트로 정해져 있다.

반면 변호사가 서면을 작성하는 데에는 그런 제약이 없다. 그렇지만 변호사도 판결문과 비슷한 형식으로 서면을 만들어 제출하는 경우가 많다. 판사가 늘 보던 서식이 판사 눈에는 잘 보이기 마련이니까. 간혹 변호사가 대리하지 않는 사건의 준비서면이 판결문 같은 형식으로 제출되는 경우가 있다. 원고의 친구나 친척이 판사일 거라 짐작하게 된다. 판사도 자기 주변에 송사가 있어 서면을 대신 써 주는 경우에는 늘 자기가 하던 방식대로 작성할 수밖에 없다. 어쩌면 그 원고는 자신이 판사의 아버지 또는 친구이니 서면을 대충 보지 말고 자세히 잘 좀 봐주세요라고 동료애를 강조하며 은근히 압박하는 것일 수 있다.

변호사가 되니 더 이상 판결문체에 얽매이지 않아도 돼 글꼴(폰트)의 자유가 생겼다. 판결문체로부터의 해방이랄까. 이런 글꼴로도 써보고 저런 글꼴로도 써본다. 다른 변호사들과 협업을 하다 보면 각자가 쓰는 글꼴도 본다. 어, 이 서체 좋은데, 하며 따라 써보기도 한다. 나는 요즘 일반 문장은 휴먼명조로 쓴다. 제목은 양재본목각체M으로 쓴다. 글꼴 이름이 무슨 뜻인지는 모른다. 그냥 모양이 마음에 드는 것으로 쓴다. 그래도 멋있지 않은가, 양재본목각체M.

사실 어느 글꼴로 쓰든 프린트되어 나오면 비슷해 보이는데, 화면에서 더 깔끔해 보이는 글꼴을 택하게 된다. 마치 초·중·고등학생이 어떤 샤프가 좋다, 어떤 펜이 더 잘 써진다고 하는 것처럼, 변호사는 소소하게 글꼴에 신경을 쓴다.

서면은 주장하려는 내용이 담겨 있으면서도 그 모양이 마음에 들어야 한다. 변호사는 엄밀하게 따지면 글로 먹고사는 직업이라 할 수 없지만(말로 먹고 사는 측면이 더 강한 듯하지만), 노상 글을 써야 하는 직업이다 보니 나름 자기만의 서면의 미학을 가지고 있을 수밖에 없다.

긴 호흡, 짧은 호흡

판사들은 대개 재판일에 10시부터 12시까지 오전 재판을 하고, 14시부터 18시까지 오후 재판을 한다. 재판이 빨리 끝나는 경우도 종종 있지만.

예전 일이긴 하지만, 판사를 지원하고 나서 두려웠던 점은 내가 서너 시간씩 법정에 앉아 있을 수 있을까 하는 것이었다. 사법연수원 시절 도서관에서 공부할 적에, 다른 사람들은 꼼짝달싹 안 하고 몇 시간씩 앉아서 책을 봤지만 나는 한 시간 정도 하면 조금 쉬어야 했다. 한 시간이 넘어가면 집중이 되지 않았다. 중간중간 왔다 갔다 하니까 옆에서 같이 공부하던 형이 그만 좀 돌아다니라고 했다. 정신 사납다며.

그러니 법정에서 배석판사로 서너 시간씩 진득하게 앉아 있을 수 있을지 걱정이 됐다. 막상 법정에 앉아 있어 보니 긴장의 틀에 갇혀 그럴 만하긴 했지만.

요즘은 로스쿨을 통과해서 법조인이 되지만(로스쿨에 합격하면 반은 법조인이 된 것과 같지만), 사법고시 시절에는 장래를 기약할 수 없는 상태에서 시험에 합격하기 위해 몇 년을 주야장천 공부에만 매달려야 했다. 누구나 몇 시간, 며칠, 몇 달은 열심히 공부할 수 있지만, 그 공부를 몇 년 동안 꾸준히 열심히 할 수 있어야 고시생의 자격이 있었다.

그런 과정을 겪은 법조인들은 대체로 호흡이 긴 편이다. 서면을 작성하거나, 판결문을 작성하거나, 법정에서 재판을 진행하거나, 증인신문을 하면서 몇 시간 동안이나 긴장의 끈을 놓지 않고 계속 집중할 수 있어야 하는데, 법조인들은 대부분 그런 사람이다.

생각의 호흡이 짧으면, 꾸준히 집중할 수 없으면, 어쩌면 법률가라는 직업이 적성에 맞지 않는 것이다. 마라토너까지는 아니더라도 최소한 중장거리 선수의 호흡을 할 수 있어야 한다.

그런데 나는 단거리용 호흡을 한다. 짧은 시간 집중해서 일하고 나서 조금 쉬어야 한다. 남들은 3천 미터를 비슷한 속도로

뛴다면, 나는 200미터를 열심히 뛰고 나서 좀 걷고 또 200미터를 열심히 뛰고 나서 걷고 하는 모양새랄까. 그래서 재판장이 되고 나서 재판을 진행할 때는 중간에 휴정을 많이 했다. 잠시라도 재판 간의 간격이 벌어지면 서둘러 진행하고 휴정을 해서 10분이라도 쉬었다. 옆 방 판사가 나더러 재판일에 왜 그리 자주 왔다 갔다 하냐고 묻기도 했다.

변호사로서 법정에 들어가 보면, 어떤 판사는 말도 천천히 하고, 재판 진행도 느리다. 그런 재판에 참석해 변호사로서 기다리다 보면 속으로 한숨이 계속 나온다. 한참 증인신문을 하고 나서 잠시 쉬었다가 했으면 좋으련만, 에너지 넘치는 재판장은 쉴 생각 없이 3시간 연속 증인신문 재판을 진행한다.

나는 변호사로서 서면을 작성하면서도, 한 꼭지를 쓸 때마다 쉰다. 옆 방 변호사가 말한다. 뭘 그리 계속 돌아다니냐고. 고시 공부를 할 때나, 연수원에 있을 때나, 판사로 일할 때나, 변호사를 할 때나, 듣는 말은 한결같다. 좀 그만 돌아다니라고.

다들 흰수염고래처럼 물속에 오래 있을 수 있는데, 홀로 돌고래처럼 자꾸 수면 위로 나오고 싶어진다.

IV

법 안의 나, 법 밖의 나

법은 노인이 만들고,

예외는 젊은이가 만든다.

오스틴 오말리

화맥불변, 벼와 보리를 분간하지 못하다

　　제주 한라수목원에 가면 멀구슬나무가 있다. 수목원을 올라가다 보면 둥그런 잔디광장이 있고, 그 오른쪽 끝에 멀구슬나무가 있다. 나무에 달리는 열매가 구슬 같아서 멀구슬나무라고 한다. 한라수목원에서 나와 바다 쪽으로 내려가는 길에는 여름부터 늦가을까지 꽃댕강나무 꽃이 핀다. 조그마한 종 모양 꽃이 댕강댕강 잘 부러지는 가지 끝마다 다발다발로 피어난다.

　　이런 이야기를 하면, "어, 나무에 대해 제법 아는군요."라고 할지 모른다. 그렇다, 지금은 그래도 보통 사람들보다 좀 더 잘 안다. 하지만 이렇게 된 데에는 나름 아픈 과거가 있다.

　　2004년경에 배석판사 2년을 마치고 민사 단독판사를 하고 있었다. 요즘에는 법원에서 배석판사를 10년씩 해야 단독판사가 되지만, 그때만 해도 법무관 3년을 경력에 포함해 주어서 짧은 배석판사 임기를 거치고도 단독판사가 될 수 있었다.

토지 관련 재판을 맡았다. 취득 시효를 다투는 사건이었던 것 같다. 오랫동안 점유해 왔으니 이제 내 땅이다라고 주장할 수 있는 근거가 바로 부동산 취득 시효이다.

현장을 확인하려고 논밭이 많은 곳에 갔다. 때는 6월, 파랗게 작물이 커 가고 있었다. 차에서 내려 원고, 피고, 변호사들과 논두렁길을 따라 걸어가면서 내 딴에는 서먹한 분위기를 깨려고, "벼가 잘 자라고 있네요."라고 말했다. 사람들은 표정이 그 작물처럼 파랗게 변하면서 말했다.

"이거 보린데요."

숙맥불변(菽麥不辨)이라고, 콩인지 보리인지 분간하지 못하는 어리석은 사람을 비유적으로 이르는 말이 있다. 내 경우에는 벼화(禾) 자를 써서 화맥불변(禾麥不辨)이라고 해야 할 듯했다. 뱉어 놓은 말을 주워 담고 싶었지만, 이미 내 입을 떠나 사람들의 고막을 때린 후였다.

판결을 했다. 패소한 당사자는 항소를 했다. 아마 나라도 항소했을 것 같다. 벼와 보리도 구별하지 못하는 판사인데, 어찌 그의 판결을 믿을 수 있겠는가.

그해 가을에 『궁궐의 우리 나무』라는 책을 사서 서울의 고궁에 갔다. 책에는 사대문 안 궁궐의 나무에 대한 설명과 지도가 있었다. 지도를 따라가 나무를 보면 무슨 나무인지 알 수 있었고 설명도 읽었다. 경복궁, 덕수궁, 창경궁을 돌아다니면서 나무 공부를 열심히 했다. 이후에도 열심히 나무 책을 읽고 식물 도감도 보았다. 요즘에는 스마트폰으로 나뭇잎이나 꽃을 찍어 검색하면 금방 무슨 나무인지, 무슨 꽃인지 알 수 있지만, 그땐 발품을 팔아야 했다.

그러다 세월이 지나 이제는 남들보다 나무 이름을 조금 더 많이 아는 변호사가 되었다.

소통하고 공감하기 위한 감정 수업

어느 인류학자가 나무에 맛있는 음식을 매달아 놓고 아프리카 부족 아이들에게 먼저 도착하는 사람이 그것을 먹을 수 있다고 말하고 "출발!"을 외쳤다. 그런데 아이들이 각자 뛰어가지 않고 모두 손을 잡고 함께 가서 그것을 나눠 먹었다.

인류학자는 아이들에게 "한 명이 먼저 가면 다 차지할 수 있는데 왜 함께 뛰어갔지?" 하고 물었다. 그러자 아이들은 "우분투"라고 외치며, "다른 사람이 모두 슬픈데 어떻게 한 명만 행복해질 수 있나요?"라고 대답했다.

'우분투(ubuntu)'란 말에 담긴 '사회공동체를 중시한다'는 기본 의미는 매우 다양하게 해석되고 있다. 여러 해석 중 하나는 "당신이 있기에 내가 있다."이다. 사회 전반에서 '소통'은 고래만 춤 추게 하는 게 아니라, 위정(爲政)하는 사람이 가장 듣고 싶어하는 말이 되었다. 반면 '불통'은 조금이라도 권력을 가진 사람이라면 가장 듣기 싫어하는 말이 되었다.

지방에서 판사로 근무할 당시 그 지방법원의 모토(motto)는 '참여하는 사법, 공감하는 사법'이었다. 여기에서 '공감'이라는 말을 생각해보면, 그 방점이 이성적 판단의 옳고 그름이 아니라 '감정적 연대감'을 강조하는 데 있다.

감정이라 하면, 좋으면 좋고 싫으면 싫은, 이미 다 아는 그런 건데, 내 감정 내가 아는데, 남의 감정을 왜 모를까, 하고 생각할 수 있다. 그런데 강신주 작가의 『감정 수업』을 읽다 보니, 그 감정도 배울 게 많이 남아 있구나라는 생각이 들었다. 저자는 스 피노자의 『에티카』라는 책에서 스피노자가 정의 내린 감정들을 48개의 소목차를 따라 풀어주고 있다. 각각의 감정인 비루함, 자긍심, 욕망, 대담함, 겸손 등을 소설가 48명의 소설 48편의 내 용을 곁들여 설명하고 있다. 어떤 것은 조금 어렵고 쉽게 인정할 수 없지만, 상당 부분은 내가 몰랐던 감정의 근원을 찾아볼 수 있게 한다.

예를 들어, "감사(gratia) 또는 사은(gratitudo)은 사랑의 감정을 가지고 우리에게 친절을 베푼 사람에게 친절하고자 하는 욕망 또는 사랑의 노력이다."라고 스피노자는 정의하고 있는데, 저자는 감사의 표현이란 상대방에 대한 사랑의 열정을 식히려고 노력할 때 서둘러 전하는 감사의 말일지 모른다고 풀이하고 있다. 그러고 보면 고마워하는 것은 사랑하기 어려울 때 할 수 있는 유일한 말일지 모른다.

IQ, EQ에 이어 다양한 지수들이 등장하고 있는데, 소통지수 (CQ, Communication Quotient)도 있다고 한다. 『감정 수업』을 덮고 나니, '공감'하려면 소통지수를 늘리기 위해 노력해야 할 것 같다. 지식만 공부해서는 안 되고, 제주의 봄에 길가에 떨어진 동백꽃 같은 일상의 흔한 감정도 한참 더 배워야 한다.

그래도 내가 하지 않았어

「그래도 내가 하지 않았어(それでもボクはやってない)」라는 일본 영화가 있다. 평범한 취업준비생이 지하철을 탔다가 성추행범으로 몰려 재판을 받는 이야기다. 주인공은 검찰의 구속영장 청구를 받아들인 법원의 결정에 따라, 피해자가 법정에서 증언할 때까지 4개월을 구속되어 있다가, 호의적인 재판장이 교체되어 그에게 유죄 심증을 둔 재판장에 의해 결국 유죄 판결을 받고 만다.

주인공이 강제추행을 하지 않았다는 사실을 아는 영화 관객들은 그 부조리에 대해 안타까워하고 분개하게 마련이지만, 강제추행 피해자가 법정에서 한 진술과 여러 정황으로 볼 때 유죄 판결이 내려진 것 자체에 큰 흠결이 있어 보이지는 않는다.

　이 영화는 여러 관점에서 볼 수 있다. 일본의 사법제도가 지닌 경직성(구속영장이 청구되면 99퍼센트 발부되고, 기소되면 역시 99퍼센트 유죄가 선고된다.), 일본의 구속 제도가 가진 또 다른 경직성(사실상 구속 기간을 계속 갱신해서 재판이 진행되는 오랜 기간 구속된다.), 강제추행 같은 범죄에서 피고인이 처하는 불리함 등의 시각에서 볼 수 있다.

　아울러 또 다른 시각에서도 볼 수 있다. 그것은 피고인과 변호인의 관계, 형사사건 변호에 있어서 변호사의 역할이다. 이 사건은 쟁점이 분명하다. 단순히, 강제추행을 한 사실이 있는가 없는가이다. 따라서 피해자를 탄핵하는 이유와 범죄 상황에 대한 설득력 있는 규명이 필요하다. (하지만 이 필요성은 피해자가 강제추행을 당했다는 분명한 사실과 피고인 이외에 혐의자가 없다는 반론에 맥없이 무너지고 만다.)

　아무튼 이는 논외로 하고, 변호 과정에서 인상적이었던 점은 피고인의 가족, 친구들과 변호인이 나누는 이야기이다. 재판을 준비하는 과정뿐만 아니라 각 공판 이후에도 변호인은 피고인의 가족, 친구들과 계속 이야기를 나눈다. 재판 진행에 따라 중간중간 피고인에게 어떤 준비가 필요한지 설명하고 의견을 교환한다. 당연히 법률 전문가인 변호사가 법률적인 사항을 설명해 주지만, 변호사가 일방적으로 알려주고 가르치는 게 아니라

서로가 충분한 교감을 나눈다.

결과가 좋으면 과정 중의 미흡한 점들이 용납되겠지만, 이 사건에서는 결과가 좋지 않았다. 피고인은 마지막에 법정에서 "그래도 내가 하지 않았어."라고 울부짖는다. 하지만 이 장면에서 피고인과 그의 가족, 친구들은 변호사에게 나쁜 결과의 책임을 묻지 않는다.

변호사의 역할이란, 재판 전 과정에서 그야말로 피고인의 조력자이다. 옆에서 도와주고, 심리적으로 안정을 찾을 수 있게 조언해 준다. 재판 결과는 피고인이 외롭게 감당해야 하는 몫이지만, 결과에 이르는 과정과 그 결과를 받아들이는 순간까지 계속 옆에서 함께하는 이가 바로 변호사이다. 변호사는 최선을 다해 도와줄 뿐이다. 형사사건의 피고인이든 민사사건의 당사자든 모두가 항상 원하는 결론에 이를 수는 없다.

다툼 너머 상실과 사랑

영어권에서는 가까운 사람을 잃은 이에게 I'm sorry for your loss라고 말한다. 우리말로는 '상심(傷心)이 얼마나 크십니까' 또는 '삼가 조의를 표합니다'에 해당한다.

상실loss, 잃어버리는 것. 이는 원래 내 것이었는데 내 것이 아니게 되는 것을 의미한다. 생각해보면, 원래부터 내 것인 것은 없다. 내 것이란, 조금씩 쌓이는 시간 속에서 기대를 걸고 애착을 느끼고 어쩌면 사랑도 부지불식간 쏟아부은 혼합물이 나와 동일시되거나 나에게 귀속된 느낌이 드는 사람, 사물 같은 것이 아닐까.

함께한 시간이 많을수록, 좋아할수록, 그것으로 인해 기뻐할

수록 더 애착이 생기게 되고, 그것을 잃어버려 마음과 몸에서 떨어져 나가면 '상실'이 된다. 애당초 내 것이 아니었고 영원히 내 것도 아니지만, 상실하면 그 순간 또는 상당 기간 그것은 내 것이었다고, 나에게 속한 것이었다고 느끼기 때문에 시린 상처가 되고 아픔이 된다.

젊은 부부가 있었는데, 어느 날 부인이 갑자기 화장실에서 심장마비로 죽었다. 부인이 재택근무를 하던 중에 발생한 일이었기에 유족들은 업무상 재해로 인정받고 싶어서 근로복지공단에 유족급여를 신청하려고 했다. 나는 변호사로서 부인의 시부모와 함께 부인이 다녔던 회사를 방문해 사장을 만났다. 사장은 기꺼이 도와주려고 했지만, 재택근무의 특성상 업무상 재해임을 밝히는 일이 쉽지 않았다. 사장은 시부모에게 사고 당시 업무의 양과 강도를 최대한 상세하게 기술해 달라고 요청했다. 하지만 사장을 비롯해 회사에서 실질적으로 해줄 수 있는 일은 그리 많지 않아 보였다.

시어머니는 사장과 이야기를 나누면서 눈동자에 눈물이 고였다. 며느리에 대한 그리움과 애틋한 마음이 눈물로 흘렀다. 시아버지도 눈시울이 젖어 있었다.

아주 긴 세월은 아니었겠지만 며느리와 유지해 온 좋은 관계가 엿보였다. 아들도 딸도 아니지만 엄연히 가족이 된 사람이었기에, 삼십대 중반 젊은 나이에 돌연사한 며느리에게서 느끼는 상실감이 커 보였다.

아프리카 중동부의 스와힐리족 사람들은 자신을 기억하는 사람이 있으면 진짜 죽은 것이 아니고 자신을 기억하는 사람이 없으면 진짜 죽은 것이라고 생각한다. 『아프리카 종교와 철학(African Religions and Philosophy)』이란 책을 보면, 그들에겐 '사사(sasa)'와 '자마니(zamani)'라는 독특한 시간관념이 있다. 누군가가 죽었다 해도 그를 기억하는 한 그는 여전히 '사사'의 시간에서 살아 있는 것으로 간주된다. 하지만 그를 기억하는 사람들마저 모두 죽어 더 이상 기억하는 사람이 없으면 그때 비로소 죽은 이는 영원한 침묵의 시간, 즉 '자마니'의 시간으로 들어간다고 한다.

정말 이 이야기처럼 살아남는 사람이 죽은 이를 기억하고 상실감을 느끼면 죽은 이가 더 살게 되는지 모르겠지만, 남은 이가 죽은 이를 기억하지 않고 죽은 이가 남긴 유산만 기억하는 경우에도 죽은 이가 더 살게 될까?

남매 사이에 부모의 상속 재산을 두고 다툼이 있었다. 크다면 크고 작다면 작은 상속 재산을 오빠가 동생과 나누려 하지 않아 분쟁이 생겼다. 그것이 오빠의 욕심 때문인지, 오빠 부인의 탐욕 때문인지 모르겠지만, 도대체 왜 그러는지 깊은 의문이 들었다. 재산이 조금 더 많아지면 조금 더 잘 먹고 조금 더 누리고 살겠지만, 사실 그 돈은 그들의 돈이 아니라 부모가 힘들게 모은 재산이며, 부모 입장에서는 자식들이 그 돈을 가지고 다툼을 한다면 죽기 전에 차라리 모두 기부하는 편이 나았을 걸 하며 후회할 수 있다.

원래 내 것이 아닌 재물을 갖지 못하는 것은 '상실'이 아니다. 태어나서부터 수십 년간 부모 슬하에서 가족으로 함께 살아왔는데 부모의 유산 몇 억을 더 갖겠다고 남매간에 평생 안 보고 살겠다고 하는 것은 인간성 '상실'이 아닐까.

다른 예로, 어느 직장에서 한 사람을 아웃(out)시키려는 조직적인 움직임이 있었다. 피해자는 더 올바르게 하고 싶었을 뿐인데, 편의주의와 권력지향적인 조직 문화에 길든 사람들은 그가 눈엣가시 같은 존재라서 찍어내려고 했다. 피해자의 입장에서는 지극히 부당한 일이었다. 인간으로서의 존엄성, 직무 수행 능력과 가치 등을 송두리째 훼손당했다. 개인의 삶에, 사회인의 삶에 중대한 '상실'이 생겼다. 훼손된 부분을 복구하고 싶었지만, 그러자면 힘들고 먼 길을 가야 했다. 다투어야 하고, 투쟁해야 했다. 손해를 끼친 사람이 자발적으로 잘못했다고 시인하는 경우는 거의 없다.

'상실'이란 그런 것이다. 그 크기는 시간과 비례하고, 불편함과 비례하고, 애착과 비례하고, 욕심과 비례하고, 사랑과 비례하고, 그리움과 비례한다. 내 것이라고 여길수록 더 상실하게 되고, 내 것이 아니라고 생각할수록 더 초연하게 된다. 성인군자가 아닌 범인(凡人)이 늘 초연할 수는 없지만, 내 것이라는 생각이 들 때마다 내 것이 아닐 수도 있다는 생각을 늘 해야 할 것이다.

감정적으로 다치지 않으려고 가급적 소유하지 않고 애착하지 않는 삶은 비겁하고, 어느 하나도 잃지 않으려는 삶은 부질없다. 아파하는 모습을 누구에게나 당당하게 보일 수 있는 상실이 있는가 하면, 사회적으로 인정받지 못하고 주변에서 알아주지 않더라도 자신에게만 소중한 상실이 있다. 가졌다고 생각하지만 실제로 가진 적 없이 아파하는 상실이 있는가 하면, 남들은 잘 모르지만 자신만 진정한 가치를 아는 상실이 있다.

삶이란 어쩌면 내가 타인에게 상실감을 주거나 타인이 나에게 상실감을 안기는 과정이다. 무엇을 사랑하고 사는가에 따라 각기 다른 상실감이 생긴다. 사랑하면 상실감이 더 커지고, 사랑하지 않으면 상실감이 작아진다.

회색 목도리 유감

　　실형과 벌금형밖에 다른 선택지가 없었던 1심 사건은 결국 실형이 나오고 말았다. 조금 봐줄 수도 있는 사건인데, 뭐랄까, 무정(無情)한 재판부라고 할까, 무심(無心)한 재판부라고 할까, 그런 마음이 들었다.

　　비록 피고인이 잘못은 했으나, 어찌 보면 이보다 더 진정성 있는 반성을 할 수 있을까 싶을 정도로 스스로를 책망했기에, 아쉬움이나 안타까움보다 허탈함이 더 큰 1심이었다. 그의 변호사인 나로서는 마치 1년 내내 밤잠 설치고 먹는 시간까지 줄여가며 열심히 공부했는데 시험에 떨어진 수험생의 심정 같았다.

　　서울에서 아침 일찍 차를 몰고 3시간을 운전해서 지방의 교도소(구치소도 그 안에 있다)에 도착했다. 바로 항소장을 제출했지만, 유무죄를 다투는 사안이 아니었기에, 피고인과 사건 자체에 대해 할 이야기가 많지는 않았다. 아직 끝난 게 아니니 지레 낙담하지 말고 항소심에서도 꾸준히 반성문을 제출하라고 조언했다. 판사에 따라서는 봐줄 수도 있는 사안이지만, 그렇다고 실형을 선고하는 게 틀렸다고 할 수 없으니, 아쉬움이 크다고도 이야기했다. 가능할지 모르겠지만 부모와 형제가 있는 지방으로 이송 신청을 해서 항소심을 받으면 어떻겠냐고 묻자, 그는 부모형제에게 죄송하니 차라리 멀리 떨어진 여기서 홀로 재판을 받는 게 낫겠다고 답했다.

선고 전날에도, 선고일에도 걱정되는 마음에 나도 잠이 잘 오지 않았다고 이야기했다. 수형복만 입고 있어 춥지 않냐고 묻자, 다소 춥지만 옷을 신청해 두어 이제 괜찮아질 거 같다고 답했다. 그런 질문을 하면서 양복에 코트까지 도톰하게 입고 있던 나는 목에 휘휘 두른 회색 목도리가 왠지 사치스러워 슬그머니 풀어서 손에 쥐었다.

구치소에서 나와 그곳 시내에서 홀로 국밥을 먹고 나니 주변에 사우나가 보였다. 다시 몇 시간 운전해서 올라가야 하니 피로를 덜 겸 잠시 몸을 녹이러 갔다. 사우나에서 나오니 몸이 데

워졌고 목도리를 하지 말아야겠다는 생각이 들었는데 목도리가 없었다.

전에 친구랑 식당에서 저녁을 먹고 밖으로 나오니 친구가 무척 추워 보여 잠시 목도리를 빌려준 적이 있다. 친구가 목도리를 아예 달라고 하기에 단호히 안 된다고 했는데, 차라리 친구한테 줄 걸 하는 생각도 들었다. 잃어버리는 것보다 나았을 텐데.

사우나에 돌아가 찾아보니 없었다. 국밥집에도 없었다. 접견실에 두고 왔구나 하는 생각까지 들어 교도소로 다시 갔으나, 점심시간이라 접견실이 텅 비어 있었다. 목도리를 잃어버렸다는 생각에 왠지 어깨가 처졌다.

얼마짜리 목도리인지 모르겠다. 누가 내게 주었는지, 내가 샀는지도 모르겠다. 그리 비싼 것도 아닌데, 늘 하고 다녀서 정이 들었다. 순간 미안하고 창피한 마음이 들었다.

마지막으로 차를 돌려 다시 사우나에 갔다가 주차장에 물어보았다. 처음에는 없다고 하더니, 잠깐만요, 하며 나를 불러세웠다. 주차장 컨테이너 안에 놓인 작은 난로 앞에서 꾸벅꾸벅하던 다른 주차요원이 깔고 앉은 담요 밑에 내 목도리가 꾸욱 눌려 있었다.

가족 중 누군가가 이 겨울에 옆에 없다면, 차가운 구치소에

있다면, 그 상실감은 목도리를 잃어버리는 것과 감히 비교할 수
없을 텐데, 목도리 하나 잃어버렸다고 여기저기 허둥지둥 쫓아
다니고 기운 없이 어깨가 축 처진 나를 돌아보니, 교도소 접견실
에서 만난 피고인이 생각났고, 선고일에 전화로 울먹이던 피고
인의 어머니와 누나의 얼굴도 스쳐갔다.

　타인의 아픔에 공감한다는 것은 얼마나 어려운 일인가. 그러
기에 나는 얼마나 부족한 사람인가. 그들의 상실감과 좌절감은
당사자가 아니고서는 모르는 것인데, 변호인이라고 나름 걱정
하며 건넨 위로의 말들이 새삼 너무 초라하게 느껴졌다.

변호사 축구, 그들만의 리그

2019년 봄에 4박 5일 일정으로 방콕에 다녀왔다. 가족 여행도 아니고 혼자 여행 간 것도 아니다. 변호사만 30명 정도가 같이 갔다. 동남아시아 변호사 회의가 있었나 보다라고 생각할지 모르겠다. 하지만 실은 축구를 하러 갔다.

법원에서 같이 일하던 친한 판사 동료나 주변 변호사와 식사를 하다가 축구 하러 방콕에 갔다 왔다고 하면 다들 얼굴 가득 의아한 표정을 짓는다. 상대방의 그런 당황하는 표정을 즐기려고 자랑삼아 이야기를 꺼내는 면도 없지 않다.

전국 변호사들의 각 지역 변호사회마다 여러 동호회가 있는데, 그중 하나가 축구 동호회이다. 나는 변호사를 시작하자마자

서울 지역 변호사 축구 동호회인 서로회(서울 로이어lawyer 회)에 가
입했다. 서로회 회원은 60명 정도 되는데, 매주 토요일마다 모
여 축구를 한다. 30도가 넘어 야외활동을 자제하라는 폭염주의
보에도, 영하의 날씨에도, 눈이 내려도, 장마가 한창이어도 함께
공을 찬다. 어떤 변호사는 가입한 축구 동호회만 5개다. 동호회
를 돌아가며 금요일에 축구 하고, 토요일 아침에 축구하고, 오후
에 축구 하고, 일요일에도 축구 한다.

대개는 외부의 팀을 상대로 경기를 하지만, 가끔 동호회원끼
리 노장팀과 소장팀으로 편을 나누어 경기를 하는 경우에는 서
로 너무 재밌어 죽겠다는 표정을 짓는다. 군대가 아니라도 역시
축구는 그들만의 리그가 있다.

변호사 축구에는 몇 개의 큰 대회가 있다. 매년 열리는 전국
변호사축구대회, 격년으로 열리는 한일변호사친선축구대회, 아
시아변호사축구대회, 세계변호사축구대회. 올해에 아시아변호
사축구대회가 열리면 내년에는 세계변호사축구대회가 열린다.

변호사로서의 업무가 아닌 축구를 위해 해외 원정을 가려면
변호사 개인마다 '각고'의 노력을 해야 한다. 우선, 재판을 잘 피
해서 가야 한다. 재판 기일이 그 기간에 잡히지 않도록 일정을
세심하게 조정해야 한다. 사건 변론을 의뢰한 당사자들에게 조

금의 피해도 가지 않도록 해야 하기에 미리미리 일을 해놓아야한다. 집에도 잘 이야기해야 한다. 축구 동호회가 변호사의 업무에 크나큰 도움이 되는 것처럼 사탕발림을 해두어야 한다.

사실 변호사에게는 해외 원정 축구를 하러 가는 것이 약간의 수임 포기로 이어질 수도 있다. 출국을 앞두고 급한 사건 의뢰가 들어오면 어쩔 수 없이 수임하지 못하는 것이다. 나야 축구 동호회에 가입한 지 얼마 되지 않아 아시아 대회에 한 번 갔을 뿐이지만, 오래된 회원들은 벌써 십수 년간 대회에 참석했으니, 대단하다는 생각이 들 수밖에 없다.

변호사들끼리 축구를 하는 것은 단점이자 장점이다. 변호사에게 가장 중요한 것은 사건 수임이다. 사건을 의뢰받지 못하면 손가락을 빨 수밖에 없다. 동창 모임이든, 최고경영자 모임이든, 여러 모임과 단체에 속해 있어야 법률적 도움을 요청받거나 사건을 맡을 수 있다. 그러니 변호사들끼리 모여서 공을 차려고 동호회에 열심히 나가봤자 사건 하나 수임할 수 없으니, 변호사의 영업상 바람직하지 않다.

하지만 그렇다 보니 아무런 사심 없이 서로를 대하고 축구를 할 수 있다. 일과 관련해서 서로에게 바라는 것이 없으므로 일을 떠나 누릴 수 있는 좋은 취미를 가진 셈이다. 물론 변호사가 아닌 사람들과 어울려 취미 생활을 한다고 해서 일적인 면만 생각하는 것은 아니겠지만, 일을 떠나 어울리면 서로에게 편안한 시간과 공간이 될 수 있다. 더운 여름에 그들과 함께 축구를 하다가 쉬는 시간에 수박을 나눠 먹다 보면 굳이 멀리 휴가를 가지 않아도 휴식이 된다.

가끔 축구 동호회에서 회식을 한다. 다들 평소에 이런저런 모임이 많으니 축구 동호인끼리 모여 술을 마실 기회가 많지는 않다. 수십 명이 모여 1차로 삼겹살을 구워 먹고 십여 명이 남아 2차로 맥주를 마시는 대여섯 시간 동안 변호사들끼리 무슨 이야기를 할까. 자기가 맡은 사건에 관한 이야기나 선배 변호사에게 듣는 조언 같은 이야기가 오고 갈 것 같지만, 그런 이야기는 없다. 모임 내내 이야기의 주제는 오로지 축구다. 축구 동호회의 조직과 운영 방향에 대한 이야기, 동호회 팀의 선수 포지션과 경기 이야기, 지난번 축구에서 들어간 골 이야기, 개인마다 평일에 하는 축구 연습 이야기, 영국 프리미어 리그 이야기, 해외에서 뛰는 손흥민 같은 선수의 골 이야기 등등. 오로지 축구 이야기만 하다가 헤어진다. 서로 편하게 이야기를 나누지만 서열은 있다. 하지만 오직 형, 동생뿐이다. 나이가 많으면 형이고, 적으면 동생이다. 사법연수원 기수는 따지지 않는다.

비행기를 10시간이나 타고 세계변호사축구대회에 7박 8일 일정으로 축구 하러 가는 열성이니, 다들 중증 또는 경증 축구 환자임에 틀림없다. 가끔 법정에서 동호회 사람을 만나면 운동장에서와 달리 말끔하게 양복을 입고 넥타이를 매고 있어 무척이나 낯설다. '아, 저 형이 변호사였구나, 저 동생도 변호사였구나'라고 생각하며 깜짝깜짝 놀란다. 아마 상대방도 그럴 거 같다. '맞아, 저 형, 변호사였지.'라고.

변호사와 고급 승용차

변호사 하면 떠오르는 그림 중 하나는 고급 승용차를 탄 모습이다. 변호사가 구닥다리 차를 타면 왠지 무능해 보인다. 돈을 잘 벌어서 고급 승용차를 타는 변호사도 있겠지만, 벌이가 시원치 않은데 무리해서 고급 승용차를 타는 변호사도 있을 것이다. 막연히 생각하면, 뭐 하러 그렇게까지 하나 싶지만 막상 의뢰인의 입장을 생각해보면 수긍이 갈 수 있다.

의뢰인에게 중요한 사건이 있다고 하자. 꼭 무죄를 받아야 하거나 승소해야 하는 사건이다. 돈 때문에, 또는 자존심이나 사회적 체면 때문에 그런 사건이 생길 수 있다. 그래서 변호사를 선임한다. 사안이 중요한 만큼 수임료도 만만치 않게 지불한다.

재판 날 법정에서 대리인 겸 변호인으로 나서서 열심히 변론한 변호사와 함께 주차장에 갔다가 10년도 더 된 유행 지난 작은 소형차를 타는 변호사를 보게 된다. 비싸고 좋은 차를 타는 의뢰인은 이렇게 생각할 수 있다. '뭐지? 내가 그렇게 많은 비용을 지불했는데, 저 변호사는 저런 차를 타고 다니네! 사건이 없어 돈을 못 벌어서 저런 차를 타나? 혹시 무능하고 실력 없는 변호사가 아닐까? 저 변호사를 믿고 계속 가도 되는 걸까?'

굳이 말하지 않더라도 의뢰인에게 이런 생각이 주마등처럼 스칠 것임을 예상할 수 있다. 사람의 마음은 간사해서, 평소 옆집 변호사가 잘나가는 것 같으면 꼴사납게 여기다가도 막상 사건이 생기면 그 변호사를 찾아가게 되고, 앞집 변호사가 검소해 보여서 호감을 느끼다가도 막상 사건이 생기면 그 변호사가 좀 못 미덥게 여겨져 다른 변호사를 찾기 마련이다. 변호사의 입장에서도 고급 승용차를 타지 않으면 무능해 보이지 않을까, 의뢰인이 뭐라고 생각할까를 염려하여 조금 위축되기도 한다.

그런데 내가 출퇴근에, 재판에 타고 다니는 차가 고급 승용차가 아니다. 연비가 엄청 좋은 경유차인데, 문제는 차가 좀 작다는 것이다. 얼핏 보면 경차 같기도 하다. 주차하기가 너무나 편하고 이용에 아무 불편이 없지만, 일 년에 몇 차례 어쩔 수 없이 의뢰인과 내 차가 마주하는 경우나, 동료 변호사를 태우고 법정이나 식당에 갈 때 차가 작아서 내 마음이 조금 움츠러든다.

한번은 재판이 늦게 끝나 해거름에 주차장으로 걸어갔는데, 거기에 의뢰인의 고급 승용차와 내 차, 딱 2대밖에 없었다. 이걸 어쩌지? 의뢰인과 그의 가족이 "변호사님 차는 어디 있어요?"라고 물었다. 나는 '아, 제 차는 여기 있어요. 그 옆에 있는 작은 차요.'라고 하기가 너무 민망했다. '차 안 가져왔어요.'라고 하면 '태워 드릴까요?'라고 물을 것도 같았다. 그래서 "아, 저는 차를 저 멀리 세워 뒀어요."라고 말하고 한 바퀴 빙 돌아 다시 내 차로 갔다. 의뢰인의 고급 승용차는 이미 떠나고 없었다. 그 사이 어둠이 내려 어둑어둑해졌는데, 차를 몰고 퇴근하는 내 얼굴이 붉게 상기되었다.

말도 안 되지만 징크스

일을 하다 보면 다른 변호사와 협업하는 경우가 생긴다. 중학교 동창인 변호사가 어떤 사건을 수임할 듯하다면서 협업하자고 했다. 무슨 사건이냐고 물었더니, 대답해 줄 수 없다고 했다. 아니, 무슨 사건인지 알아야 같이 일하지 않겠느냐고 반문하자, 일단 수임 계약을 한 다음에 말해 주겠다고 했다. 무슨 사건인지 미리 알려준들 뭐 어떠냐고 따지자, 자기는 정식으로 수임 계약을 체결하기 전까지는 이야기할 수 없다고 했다. 수임하기 전에 자꾸 말하면 수임이 잘 안 되는 징크스(jinx)가 있다고 했다.

다른 변호사와 협업을 할 때는 선고일을 앞두고 어떤 결과를 예상하는지 물은 적이 있다. 자기는 예상을 하지 않는다고 했다. 그래도 유죄가 나올지 무죄가 나올지 예상할 수 있지 않냐고 묻자, 그런 거 미리 발설하면 재수없다고 했다. 경건한 마음으로 그냥 기다린다고 했다.

얼핏 들으면 말도 안 되는 이야기일 수 있다. 무슨 사건인지 먼저 말한다고 수임이 안 되는 것도 아니고, 무죄를 예상한다고 유죄가 되는 것도 아니다. 하지만 변호사 일을 업으로 하는 사람에게는 그런 것도 조심스러울 수 있다.

야구 감독 중에는 며칠씩 샤워를 하지 않거나, 수염을 기르거나, 속옷을 갈아입지 않는 사람이 있다. 우연히 아침에 수염을 깎지 않고 나왔는데, 파란 팬티를 입고 왔는데, 그날 경기에 이겨서 다음날 또 수염을 더부룩하게 하거나 칙칙한 팬티를 하루 더 입었더니 연승을 했다. 그러면 그때부터 질 때까지 계속 '수염은 더부룩, 팬티는 꼬질꼬질'이 된다. 징크스의 사전적 의미가 '불길한 조짐이나, 재수 없고 불길한 현상에 대한 인과관계적 믿음'이니, 이 경우에는 징크스의 반대말이어야겠지만. 그 말은 뭔지 잘 모르겠다. 이를테면, 상서로움(auspiciousness)인가?

나는 이 정도는 아니지만, 중요한 재판이 있는 날이면 옷 입는 데 신경을 더 쓰는 습관이 있다. 여러 하얀 와이셔츠 중에 특히 좋아하는 것이 있다. 가끔 직접 와이셔츠를 다리는데, 다림질할 때의 느낌이 좋은 하얀 와이셔츠가 있다. 뻣뻣하지 않고 부드럽게 다려져서 면이 몇 퍼센트인지 살펴보니, 면 40퍼센트에 폴리에스테르 60퍼센트이다. '아, 앞으로는 이 비율의 와이셔츠만 사야겠다'고 생각하면서 다림질을 한다.

아무튼 중요한 재판 날에는 되도록 그 와이셔츠를 입는다. 그리고 넥타이를 고를 때도, 전에 매고 갔을 때 법정 분위기가 좋았던 넥타이에 자꾸 손이 가게 된다. '아, 이 넥타이 맸을 때 법정에서 판사가 우리의 다툼 쟁점을 자꾸 물어봐 주고 우리의 주장에 수긍하는 분위기였지'라는 희미한 기억이 그 넥타이에 자꾸 손을 가게 만든다.

어쩌면 내가 변호사를 한 지 몇 년 되지 않아서 특별한 징크스가 없는 게 아닐까. 10년, 20년 하다 보면 남에게 차마 말하지 못할 창피한 징크스가 생길지도 모르겠다.

2월에 변호사를 만나면

변호사 중에 이렇게 말하는 사람들이 있다.

"사건이 많으면 돈을 많이 벌어서 좋고, 사건이 없으면 시간이 많아서 좋다."

하지만 거꾸로 생각해보면 '사건이 많으면 시간이 없어 힘들고, 사건이 없으면 돈을 못 벌어 안 좋을 수 있다.'

변호사는 자영업자다. 월급을 받는 사내변호사(기업 내에서 법무를 담당하는 변호사)나 로펌 변호사도 있지만, 로펌 변호사도 크게 보면 자영업자다. 음식점을 경영하는 사장과 다를 바 없이, 수임과 매출에 신경을 쓰지 않을 수 없다.

판사를 그만두고 법원에서 나와 일 년을 지내고 보니, 특히

2월에는 새로운 사건을 수임하는 경우가 거의 없다는 것을 알게 됐다. 그도 그럴 것이 2월은 법원의 인사이동이 있는 달이다. 검찰도 보통 1월에 인사이동을 한다. 재판이 거의 없고, 잡혀 있는 재판 일자도 변경되기 일쑤다. 어느 변호사의 말처럼 시간이 많아져서 좋은 달이다. 그렇다고 안 하던 뭔가를 하기는 그렇다. 사무실에 나가서 기존에 진행되던 사건을 다시 살펴보기도 하고, 여러 법률 소식지를 들쳐보기도 한다.

3월이면 법원에 새로운 재판부가 결성되어 열심히 달린다. 법원은 3월부터 여름휴가 전까지 부지런히 일하고, 여름휴가가 끝나는 9월부터 12월까지 또 열심히 일하니, 변호사도 법원의 일정표에 따라 바빠지거나 한가로워진다.

그래서 앞으로 2월에는 나도 좀 놀면 어떨까, 하는 생각을 했다. 사건이 들어오지 않는 사무실에 죽치고 앉아 있는 모양새가 마치 한가로이 바둑을 두는 시골 복덕방의 상노인 같다고나 할까. 물론 부동산 중개사무소는 신학기가 시작되기 전인 2월이 무척 바쁘겠지만.

따라서 변호사를 찾아갈 일이 있으면, 한여름이나 한겨울에 찾아가는 게 좋지 않을까. 변호사도 한가하니, 30분 동안 상담할 내용을 1시간이나 하고, 신경 쓸 다른 일이 별로 없으니 그 사건에 더 집중하지 않을까.

　아니면 오히려 좋지 않을 수도 있다. 이미 수십 년간 경륜을 쌓은 변호사는 2월마다 놀러 갈 계획을 세워서, 2월에 찾아오는 것 자체를 싫어할 수 있다. 꽃피는 3월에 다시 오라고 할 수도 있다.

승률 나쁜 변호사의 셀프 조언

나름 승률이 좋았는데, 몇 건 연거푸 기대했던 결과가 나오지 않았다. 그래도 판사로 일한 경험이 있고, 법원에서 같이 근무한 동료 판사들과 의견을 교환하기도 해서, 이를테면 동료에게 "이거, 영장 발부를 하는 게 맞을까요?"라고 물어서 "그 정도면 발부해야죠." 내지 "기각하는 게 맞죠."라는 조언을 듣기도 하고 "이 사건 어떻게 생각해요?"라고 묻는 동료에게 "이 부분이 중요한데, 원고의 주장을 인용하는 게 맞지 않을까요?"라고 조언을 주기도 해서, 변호사로서 사건을 맡을 때 절대 이길 수 없겠다 싶은 사건은 맡지 않으려고 하고, 충분히 승산이 있겠다 싶은 사건을 주로 맡았지만, 사람마다 보는 게 다 똑같지 않아서 기대했던 결과가 나오지 않는 날이 있었다.

대형 로펌에서 고정급을 받는 변호사와 달리 자신이 직접 사건을 수임해서 꾸려가야 하는 개업변호사나 별산제 로펌 변호사는 수입이 들쭉날쭉할 뿐만 아니라 로펌에 낼 최소경비조차 못 버는 달도 있다. 이렇다 보니 승률이 좋아 활짝 웃는 달이 있는가 하면, 수임도 승률도 저조해 의기소침해지는 달도 있다.

나는 야구 보는 것을 좋아한다. 인생은 야구와 닮았다. 아니면, 야구가 인생을 닮은 것인지도. 야구란 매일 이길 수 없다. 투타의 균형이 잘 맞아 많은 점수를 내고 실점이 적어 손쉽게 이기는 날이 있는가 하면, 초반에 대량 실점을 하는 날도 있다. 시작하자마자 1회에 5점을 내주기도 한다. 그러면 기운이 빠져서 9회까지 보는 것 자체가 고역이다. 예비군 훈련 받는 것마냥, 시간이 엿가락처럼 늘어진다.

그런데 어찌어찌 버티다 보니 예상외로 수회에 걸쳐 4점을 뽑는다. 어찌어찌해서 9회에 점수가 7 대 6이 된다. 초반에 그냥 포기하고 싶었던 경기가 이제는 할 만한 경기가 되어 있다. 9회 말 2아웃에 주자는 2, 3루다. 안타 한 방이면 역전도 될 수 있다. 하지만 여기서 마지막 타자가 2루 땅볼로 아웃되고 만다. 7 대 6으로 아쉽게 진다. 아, 마지막에 안타만 쳤으면 이길 수 있었는데, 하면서 그 기회를 게임의 결정적 순간으로 생각한다.

그런데 경기를 돌이켜보면 조금 다른 게 보인다. 1회 초에 내준 5점은 사실 어쩔 수 없는 것이지만, 그 후에 팀이 타격에 들어간 자세, 시합에 임한 자세는 이미 패배자에 가까웠다. 한 타석 한 타석에 신중을 기하지 못했고, 조금은 낙오된 마라토너의 심정으로 1, 2, 3회를 보냈다. 4회에도 그랬는지 모른다. 최종 경기 결과만 놓고 보면, 4회까지 1점이라도 뽑았으면 결국 동점을 만들었을 것이다. 물론 야구라는 게 나비효과 같은 면이 있어서, 하나의 안타와 아웃이 있느냐 없느냐에 따라 이후의 결과가 예상할 수 없을 만큼 달라지기도 한다. 그런데 그런 나비효과를 배제하고 나면, 게임에 진 이유는 승패가 이미 지는 쪽으로 정해져 있다고 스스로 생각했기 때문일 수 있다.

인생의 하루하루도 기분 좋게 시작하는 날이 있는가 하면, 아침부터 기분 나쁜 날도 있어 야구 경기와 닮았다. 하루를 실망하게 하고 좌절하게 하는 문제가 직업, 가정, 인간관계, 건강 등에서 아침부터 발생할 수 있다. 그러면 오늘은 지는 날이다. 지는 날에는 이미 마음부터 다르다. 아무것도 아닌 일에도 낙담하게 된다. 낙담은 또 다른 시련을 가져오거나 스스로를 갉아먹는 행동을 야기하기도 한다. 그런 지는 날이 쌓이면 지는 달이 될 수 있고 지는 해가 될 수도 있다. 야구 초반의 대량 실점처럼 인생 초반의 대량 실점이 나머지 인생의 노력을 무위로 만들거나 낭패감에 빠지게 할 수도 있다. 하지만 초반의 대량 실점에 좌절하지 않고 꾸준히 만회해 가면 결국 이기는 날이 올 수도 있다. 가진 게 10개인데 5개를 잃었다고 10개를 모두 잃은 것처럼 좌절할 필요는 없다. 사람은 누구나 실망은 산처럼 크게 하고 희망은 돌멩이만큼 작게 하기 마련이지만, 돌멩이를 쌓아 산을 만들 수도 있다.

지는 날에 이미 내준 점수는 어쩔 수 없다. 오늘은 질 가능성이 높은 날이다. 하지만 시합이 오늘만 있고 내일은 없는 것이 아니다. 10년 전 하루에는 사랑 때문에, 일 때문에, 인간관계 때문에, 여타 문제 때문에 죽을 것 같았어도, 10년이 지난 뒤의 하루에 돌아보면 그날이 그다지 자신에게 결정적 날이 아닐 수 있다.

지는 날에 지더라도 최대한 적게 져야 한다. 추가 실점을 하지 않으려고 노력해야 하고, 한 점이라도 올리기 위해 뛰어야 한다. 이미 많은 상처를 입었어도, 더 이상 상처를 입지 않으면, 상처를 극복하고 실점을 만회해 이길 수도 있다.

삶이란 야구처럼, 파도처럼 굴곡이 있으니, 오전의 좌절로

오후의 패배까지 미리 단정하고 살 이유는 없다. 지고 있는 시간은 밀물 같아서 곧 물에 빠져 죽을 것 같지만, 부표를 잡고 버티다 보면 썰물의 시간이 와서 조금씩 이기게 된다. 좀 지고 있다고 해서, 포기해서는 안 된다.

나에게 하는 말이다.

알고, 이해하고, 해결하라

제주도에서 소액담당 판사를 하던 시절, 성산포 쪽에서 마늘 농사와 관련한 사건이 있었다. 마늘을 밭떼기(밭작물을 밭에 나 있는 채로 몽땅 사고파는 일)로 팔았는데, 매수인이 매도인에게 돈을 주지 않아 매도인이 돈을 달라며 소송을 했다.

과거 제주도에 관광하러 왔을 때는 성산 하면 일출봉, 유채꽃밭이 떠올랐지만, 막상 제주도에서 판사를 하다 보니 제주도 전체가 사건의 현장이 되었다. 제주시 일도이동에서는 공사 대금 청구 사건이 있었고, 애월 해안에서는 오토바이 음주운전을 했는지 안 했는지 다투었고, 서귀포로 넘어가는 산록도로에서는 과적 차량 사고가 있었다. 가는 관광지마다 전부 사건으로 채

워졌다.

여하튼 마늘 밭떼기 사건의 매수인인 할머니는 매도인에게 돈을 주지 않았고, 돈을 주지 않은 특별한 이유가 없어 보였다. 할머니는 성산포 바닥나기(대대로 그 땅에서 오래도록 살아온 사람)로, 왜 돈을 주지 않았는지에 대하여 법정에 나와 10분 넘게 설명했다. 제주도 사투리로. 그것도 완벽한 바닥나기 사투리로.

재판을 마치고 나오니 제주 토박이인 실무관이 나에게 물었다. "판사님, 무슨 말씀인지 알아들으셨어요? 저도 잘 모르는 말들이 있던데요." 제주지방법원의 직원은 거의 제주도 출신이다. 육지에서 오가는 직원도 있지만 대부분 제주 태생 도민이다.

나는 대답했다. "그럼요, 다 알아들었죠." 그랬더니 "진짜로요?"라고 다시 물었다. 나는 "그럼요, 엄청 억울하다는 거잖아요."라고 대답했다. 하지만 실상 무슨 말인지 도무지 알아듣기 어려웠다. 차라리 일본어나 중국어였다면 몇 단어라도 알아들었을 텐데. 물론 이 정도로 제주 사투리를 심하게 하는 사람은 거의 없다.

사건은 할머니가 마늘 대금을 지급하는 것으로 합의하고 끝났다. 줄 게 있으나 그냥 하소연 한번 실컷 하고 돈을 준 것인지, 자기 말도 못 알아듣는 육지것(제주도 사람들은 육지사람들을 육지것이라고

한다. 비하하는 말은 아니다.)한테 무슨 재판을 받나라고 생각한 것인지
는 잘 모르겠지만.

임지가 바뀌어 지방에 근무하면 그 지방의 말을 어느 정도
알아들어야 한다. 살다 보면 자연스럽게 '밥먹언?(밥 먹었어요?)', '어
디 간?(어디 가는데?)'이라고 제주 사투리를 쓰게 되지만, 듣는 사람
들은 '하지 마세요. 많이 어색합니다.'라고 한다. 여하튼 말을 알
아들어야 그 지역의 사건을 더 잘 이해할 수 있다. 사투리를 섞
어 쓰는 증인이 나오면 증인신문조서에 사투리와 표준어가 병
기되는데, 이는 지방에서 근무하는 판사들이 경험하는 신선함
이라고 해야 할까, 황당함이라고 해야 할까.

법조인이 되려면, 많이 알아야 한다. "남의 제상에 감 놔라
배 놔라 하지 말라."나 "Mind your own business(네 일이나 잘해.)"라
는 속담은 법조인에게 적용되지 않는다. 하는 일 자체가 남의 일
에 간여하고 참견하는 일이기 때문이다. 도로에서 교통사고가
나거나 화재사건이 나도 기웃기웃하게 된다. 남의 일이 자기 일
이 되니까.

그래서 TV도 틈틈이 본다. KBS 아침 프로그램 중에 「인간
극장」이 있다. 「인간극장」에는 다양한 사람의 삶이 소개된다. 해
녀는 어떻게 사는지, 네쌍둥이 애들은 어떻게 크고 있는지, 다문

화 가족들은 어떻게 살고 있는지, 카메라에 담아 이야기해준다.

다양한 책도 읽는다. 「이번 생은 망원시장」이라는 책을 보면 망원시장에서 오랫동안 장사한 사람들이 어떻게 살아왔는지, 어떻게 살고 있는지 알 수 있다. 시다와 미싱은 무엇이 다른지도 알게 된다. 법조인은 많이 알아야 한다. 아는 게 힘이 된다. 알아야 사건을 이해할 수 있고, 해결할 수 있다. 그것이 쓸데없는 관심인지, 주제넘는 참견인지는 차치하고.

사람 사용설명서를 읽는 사람

변호사는 사람을 상대하는 직업이다. 사건이 있는 사람이 변호사한테 사건을 맡기러 왔는지, 그냥 상담만 하려고 왔는지 잘 살펴야 한다. 변호사는 의뢰인에게 상담하는 사건의 불리한 점과 유리한 점을 설명해준다. 불리한 점을 이야기하면 신뢰하는 의뢰인이 있는가 하면, 실망해서 바로 발길을 돌리는 의뢰인도 있다.

법정에서 변호사는 판사가 하는 말을 들으면서 판사가 사건을 변호사 측에 유리하게 보고 있는지 불리하게 보고 있는지도 잘 살펴야 한다. 예전에 법원에서 판사로 근무할 때 회자된 일화가 있다.

어느 민사재판에서 원고가 무슨 말을 하려고 하니 판사가 가로막으면서, 가만히 내 말을 먼저 들어보라고 한다. 원고가 또 무슨 말을 하려고 하니 이번에는 판사가 역정을 내면서, 제가 이 사건에서 입증해야 하는 중요한 점을 이야기해 드리고 있잖아요라고 하며 한참 사건 설명을 한다. 판사가 발언을 마치고 나서, 그래서 하고 싶은 이야기가 뭔데요라고 쏘아붙이듯 묻는다. 그제야 원고가 말한다.

"저희 합의했는데요."

당사자들 사이에 합의가 이루어졌으니 합의대로 조정조서를 작성해 주면 되는 일인데, 판사는 사건 당사자의 말을 가로막고 한참을 이야기한 것이 머쓱해졌다. 당사자의 말을 먼저 들었으면 그렇게 힘을 빼지 않아도 됐을 텐데, 폼 잡다가 체면이 실추되지도 않았을 텐데.

모든 물건에는 사용설명서가 있다. 이미 써본 물건은 사용설명서를 읽지 않아도 쓸 수 있지만, 처음 접하는 물건은 사용설명서를 꼭 읽어 보아야 한다. 그런데 잘 아는 물건이어도 사용설명서를 제대로 읽지 않아서 충분히 또는 정확히 활용하지 못하는 경우도 있다.

사람에게도 그런 사용설명서가 있을 수 있다. 「남자사용설명서」라는 영화가 있다. 가벼운 내용이면서도 은근히 시사하는 바가 있다. 이와 마찬가지로 여성, 어른이나 아이, 학생, 노인, 각 직업 등에 대한 여러 사용설명서가 있을 수 있다. 사람을 상대하자면 사람마다 미세하게 다른 점을 파악해야 하고 특정한 일을 하는 직업인의 특성도 파악해야 한다. 다양한 사람 사용설명서가 필요할 수 있다.

사람의 특성을 잘 읽어서 원하는 것을 얻어낸다고 보면 다분히 목적적이고 이용 가치로 판단하는 것일 수 있지만, 오히려 상대를 잘 살피지 않거나 특성을 고려하지 않아서 문제가 생기는 경우가 더 많다. 상대의 사용설명서를 읽는 것은 그 사람이 허용하는 것과 허용하지 않는 것, 좋아하는 것과 싫어하는 것, 기뻐하는 것과 불쾌해하는 것을 잘 구별하는 것이다. 다르게 이야기하면, 그 사람을 배려하는 것일 수 있다. 사람마다 사용설명서가 다르다고 인정하지 않고 일률적인 사용설명서대로 사람을 대하는 것은 결국 자신이 가진 사회적 지위나 어떤 힘을 바탕으로 상대를 대하는 것에 지나지 않는다.

누군가를 배려하려면 상대의 사용설명서를 잘 읽어야 하므로 상대를 잘 관찰하고 상대의 말을 잘 들어야 한다. 상대가 하는 말, 기분 나빠하는 것, 기뻐하는 것을 잘 파악해야 한다.

타인이 이야기할 때 경청하면 그가 어떤 사용설명서를 지니고 있는지 알 수 있다. 사용설명서를 잘 읽으면 상대를 더 행복하게 할 수 있고 자신도 더 행복해질 수 있다.

형이 구치소에 좀 더 있으라고 했어

피고인 접견을 가는 변호사의 마음은 무겁고 어두울 수밖에 없다. 구치소는 즐거울 수 없는 곳이다. 피고인이 구속되어 있다. 피고인이 재판에서 좋은 결과가 나와 집행유예로 나오든지, 무죄 주장이 받아들여져 석방되든지 해야 하므로, 피고인과 함께 변론의 방향을 잘 잡아서 주장할 것과 증거 신청 할 것에 대해 밀도 있는 상담과 대화를 나눠야 한다. 기실 수형복 입은 사람과 이야기하는 것은 그 자체로 처량하고 안쓰러운 느낌이 들어 유쾌할 수가 없다.

이 사건 피고인은 인터넷에서 여자 속옷을 사고 돈을 주지 않아 구속됐다. 나이는 이십대 후반이고, 본인이 밝히지는 않았지만 모태 솔로 같았다. 대학생인 피해자가 인터넷에서 속옷을 팔았는데, 피고인은 그 속옷을 사고 옷값 20만 원을 주지 않았다. 게다가 인터넷 채팅방에서 옷 벗은 사진을 보여주지 않으면 (피해자가 속옷 입은 사진을 보여주었다) 피해자가 다니는 학교를 인터넷에 소문내겠다고 했다. 그래서 피해자가 겁먹고 고소해서 사기, 강제추행미수 등으로 기소되었다.

사안의 내용만 보면, 어쩜 이런 나쁜 짓을 했을까, 하는 생각이 들 수밖에 없다. 하지만 피고인의 이야기를 잘 들어보면 조금은 다른 생각이 들 수 있다. 이 사건을 진행하면서 처음 알게 된 것이 많다. 인터넷에서 암암리에 자기가 입던 속옷을 파는 여자들이 있고, 그것을 사는 사람들이 있다. 파는 사람이나 사는 사람이나 그러한 거래를 여러 번 해본 사람들이다. 또 그런 거래가 이루어지는 인터넷 채팅방에서는 다소 거친 표현들이 오간다. 진짜로 해악을 가할 의도가 있는 사람도 당연히 있겠지만, 피고인의 설명에 따르면, 역할극 같은 것이다. 누구는 사디스트, 누구는 마조히스트 입장에서 이야기하는 것일 뿐, 진짜 해악을 가할 의도는 없다는 것을 서로 알고 있다.

피고인은 진짜로 피해자에 대한 소문을 낼 생각은 없었다고 했다. 그럼, 왜 그랬느냐고 묻자, 서로 채팅하는 재미 같은 것이라고 했다. 재미를 느끼는 사람도 있었겠지만, 피해자는 전혀 재미없었으니 고소했을 것이다.

피고인은 이 사건 이전에 아무런 전과가 없었다. 처음 조사를 받을 때 집 압수수색을 해도 되는지 묻자 순순히 압수수색에 응할 정도로, 핸드폰 보자고 하자 영장 없이 보여줄 정도로, 어찌 보면 순진한 친구였다. 순수하다고는 할 수 없어도 순진한 구석이 있는.

피해자가 합의고 뭐고 필요없으니 피고인이 연락하지 않게 해달라고 재판부에 요청해서, 피해자와 합의를 할 수 없었다. 변호사로서 피고인의 상황과 그들만의 인터넷 문화 등에 대하여 소명했지만, 재판부에는 고민이 되었을 사안이었다. 실형을 내리면 좀 센 거 같고, 집행유예를 선고하려니 피해자랑 합의가 안 되었고.

예정된 선고일에 피고인 부모와 법정에서 기다리는데 선고가 연기되었다. 아마 재판부가 선고 당일까지 고민하다가 결국 연기한 듯했다. 3주 뒤로 연기한 걸 보면, 그래도 풀어주지 않을까 하는 희망이 있었다. 선고가 연기된 후 바로 피고인을 접견하러 갔다. 그는 실형 선고의 두려움 속에서 하루빨리 집행유예로 나오기를 기대하고 있었으므로, 선고가 연기되어 실망감이 크지 않을까, 낙담하고 있지 않을까, 담당 변호사로서 무척 걱정이 되었다. 구치소로 향하는 발걸음이 무거웠다.

그런데 접견실로 들어오는 피고인의 표정이 어둡지 않아서, 이게 무슨 일인가 싶었다. 피고인은 조금도 위축되거나 실망하지 않고 있었다. 즐거운 표정이라고까지 할 수는 없어도.

실망하지 않았냐고 물었더니, 피고인의 대답은 이러했다. 선고가 연기되어 구치소 방으로 돌아갔더니, 같은 방의 다른 사람들이 너 왜 다시 왔냐고 묻기에, "명수 형이 구치소에 3주 더 있으라고 했어."라고 말했단다. 그는 재판장의 이름 '김명수(가명)'에 '형'을 붙여 '명수 형'이라고 했다. 재판장을 왜 그렇게 호칭하냐고 물었더니, 그곳에서는 다 자기 재판을 진행하는 판사를 형이라고 부른다고 했다.

그렇게 이야기하는 그의 표정이 밝았다. 그런 호칭에 나름 긍정적인 면이 있는 것도 같았다. 자기 사건을 담당하는 판사의 이름을 너무나 잘 알고 있으니, '판사님'이나 '재판장님'이라고 부르지 않고 '형'이라고 부르면, 설령 형이 구치소에 조금 더 있으라고 하더라도, 형이 징역형을 선고하더라도, 형이 그렇게 한 것이니, 뭐랄까, 안타까움도 미움도 원망도 덜할 것 같았다. 다행스럽게도 그는 3주 뒤의 선고에서 집행유예 판결을 받고 풀려났다.

　판사를 형이라고 부르는 게 구치소 수감자들의 관행인지, 아니면 유독 그가 있었던 구치소 방에서만 있었던 일인지 잘 모르겠지만, 나도 형사재판장을 할 적에 서울구치소나 지방 구치소에서 형이라고 불렸는지 모르겠다.

속담에 나오는 소라구이

법원 판사로 근무를 하는 것의 장점이자 단점은 한 곳에 오래 머물지 않는다는 것이다. 어떤 판사는 서울에서 계속 있으려고 가정법원에 지원하기도 한다. 가사 사건에 관심이 있고 전문성을 기르려는 이유도 있지만, 서울의 가정법원에서 근무하면 지방에 내려가지 않고 상당 기간 서울에 머물 수 있기 때문이다.

판사로 15년 정도 경력이 되면 부장판사가 된다. 요즘은 부장판사가 되어도 합의부 부장이 못 되고 계속 단독판사인 경우가 많긴 하지만, 판사 입장에서는 부장판사가 되는 것이 법원 밥을 꽤 먹은 징표가 된다. 부장판사가 되면 다시 지방 곳곳으로 임지가 변경된다. 1지망부터 10지망까지 전국의 가고 싶은 곳을 인사희망원에 촘촘히 기재해 희망 임지를 신청하면, 초임 임지와 여러 사정이 고려되어 임지 배정이 난다.

내가 지방으로 내려갈 시기에는 '제주에서 한 달 살기'가 한창 유행해서 제주를 희망 근무지로 기재했는데, 운 좋게 제주로 인사 발령이 났다. '제주에서 2년 살기'가 시작됐다. 전국 어디에 가나 하는 일이 똑같으니, 기왕이면 살고 싶은 곳에서 일해야 즐거울 것이다.

제주의 법원 관사 근처에 우도 아주머니가 하는 호프집이 있다. 겉으로 보면 그냥 한적한 동네 호프집 같아서 사람도 별로 없을 것 같지만, 실제로 들어가 보면 칸칸이 사람들이 가득 차 있다. 그렇다고 칸이 많은 것도 아니고. 거기서 술을 마시다가, 법정에 드나드는 변호사를 만난 적도 있으니, 제주 사람들에게 나름 알려진 허름한 가게라고나 할까.

그 집에서는 소라구이와 성게알 같은 안주를 판다. 우도에서 가져오는 것이니 싸고 신선할 수밖에 없다. 어느 날, 며칠 전부터 소라구이가 먹고 싶어졌지만, 소라구이만 먹을 수는 없었다. 호프집인 만큼 술도 한잔 해야 한다. 소라구이만 먹으면 결국 느끼함을 참지 못하고 술을 시키게 된다. 게다가 같이 한잔 할 친구도 있어야 한다. 홀로 갈 수 있는 도서관이나 올래길 하고는 다르다. 안주와 술을 앞에 두고 혼자서 핸드폰을 꺼내 인터넷 서핑을 하는 것만큼, 또는 소식 뜸한 친구들과 문자 주고받는 것만큼 초라한 일도 없기에, 코앞에 있는 호프집을 두고도 며칠 동안 밤마다 소라구이가 땡기는 걸 참았다.

그날도 소라구이를 먹지 못하고 하릴없이 집에 있었다. "소라구이 못 먹고 오늘도 그냥 잔다."고 넋두리했더니, 초등학교 2학년인 아들이 무슨 속담이냐고 묻는다. '까마귀 날자 배 떨어진다' 같은 속담인가, 하고 생각하는 눈치다. 속담이 아니라고 답해 주었다. '엄청 하고 싶은 것이 있지만 결국 못하고 만다'는 뜻의 속담이 될 수도 있겠다는 생각이 들었다. 속담으로 하면, '호프집 코앞이어도 소라구이 못 먹는다.'

살다 보면 하고 싶은 일들이 생긴다. 거창한 것도 있고 사소한 것도 있고 차마 드러내기 쑥스러운 것도 있다. 왜 하고 싶냐고 물으면, 그냥 땡기니까. 몸이 땡기고 마음이 땡기기 때문에. 하지만 늘 하고 싶은 대로 할 수만은 없는 게 인생이다. 굳이 하려면 할 수도 있겠지만 하는 게 창피하고 멋쩍은 경우도 있고, 또 굳이 그렇게까지 할 필요성을 느끼지 못할 경우도 있고, 아니면 너무 많은 것을 희생해야 해서 두려운 경우도 있다.

판사를 그만두면서 제주에서 변호사를 하고 싶은 생각도 있었지만, 여러 사정상 여의치 않아 서울에서 변호사를 시작했다. 그래도 가끔 소라구이를 먹을 겸 제주에 갈 일이 있을 줄 알았는데, 변호사를 하면서도 여전히 소라구이 먹기가 쉽지 않다. 속담으로 하면, '가까워도 못 간 소라구이집, 멀어지면 더 못 간다.'

예나 지금이나 간서치

간서치(看書癡)라는 말이 있다. '책만 보는 바보'라는 뜻이다. 지나치게 책만 봐서 세상물정에 어두운 사람이다. 나는 이 단어에서 약간의 애잔함과 그로 인한 애착이 느껴진다.

조선 후기의 몰락한 잔반(殘班)이 허름한 초가에서 열심히 책을 읽는다. 애들은 어리고 처는 먹을 것이 없어 직접 밭농사를 짓는다. 그는 농사는 거들떠보지도 않고 사서삼경만 읽는다. 3년마다 오는 과거에 번번이 낙제하면서도 세상이 나를 알아주지 않는다고 거드름을 피울 뿐이다. 처는 속이 터지는데, 그는 아랑곳하지 않는다. 내가 명색이 이씨 가문의 3대 독자인데 잡초나 뽑고 있겠냐며, 연작안지홍곡지지(燕雀安知鴻鵠之志)라고 말한다. 참새가 어찌 봉황의 뜻을 알겠냐고.

　법원 판사로 근무하면서 주말에 종종 동네 도서관에 가서 책을 빌려왔다. 가족 카드 3장을 만들면 한 번에 15권씩 3주 정도 빌릴 수 있다. 그렇게 책을 빌려오려면 도서관에서 이 책 저 책 들쳐보는 데만도 한참이 걸린다. 같은 법원에 근무하는 동료 판사도 주말이면 그 도서관에 갔다. 평일에는 법원에서 맨날 보다가 주말에는 도서관에서 또 만났다.

　그렇게 책을 잔뜩 빌려온다고 해서 다 읽는 것은 아니다. 내 방의 책장 한 줄을 비워 이동도서관이라 이름 붙여놓고 빌려온 책들을 꽂아둔다. 2~3주 동안 그 책들을 거의 다 읽을 때도 있지만 신문 보듯이 들쳐보다가 아, 재미없다, 하면서 덮는 경우가 많다. 아니, 그럴 거면 왜 그렇게 많이 빌려 오냐고 묻는 사람이 있다. 그러면 이렇게 대답한다. 혹시 다른 간서치가 빌려 갈까 봐.

　법원 도서관에서도 책을 빌려왔다. 법원 도서관의 좋은 점은 유통 기한, 아니 대출 기한이 없다는 것이다. 사실 정해진 대출 기간이 있긴 한데, 좀 오래된 책 같은 경우에는 다른 사람이 찾기 전까지는 주야장천 집에 두고 읽을 수 있다. 법원도서관 사서도 자주 보는 사이라서, 빨리 반납하라고 닦달하지 않는다. 그렇게 법원 도서관에서 빌려온 책과 동네 도서관에서 빌려온 책을 전리품처럼 쌓아 놓고 밤에 맥주 한잔 하며 책을 보곤 했다. 그럴 때는 나도 간서치가 아닐까 하는 생각이 들었다.

누군가는 책을 많이 읽으면 좋은 게 아니냐고 묻지만, 내게는 그렇지만은 않다. 왜냐하면 돈벌이에 도움이 되는 책을 읽는 게 아니라서. 소설이나 인문학 책이 주를 이룬다. 그냥 혼자만의 취미 생활이라고나 할까. 조금 우습게 들릴 수 있지만, 특히 흔히 말하는 고전 명작을 읽으면 빚을 갚아가는 느낌이 조금 든다.

작가 이름도 어려운 니코스 카잔차키스가 쓴 『그리스인 조르바』가 이런 내용이었군, 이래서 이 책이 명성이 있는 거군, 이제 겨우 다 읽었네. 가르시아 마르케스의 『백년의 고독』을 읽는데, 뭔 아우렐리아노라는 이름이 이렇게 많이 나오냐, 마술적 사실주의는 도대체 뭐냐고. 2권짜리 책을 한 권 다 읽고 나서 나머지 한 권은 도저히 못 읽겠어서 포기. 돈 안 되는 책들을 이렇게 읽고 있으니 스스로 간서치가 아닐까 하는 생각이 들기도 한다.

변호사가 되고 나서도 주말 중 하루는 틈틈이 도서관에 간다. 한 번에 15권씩 빌려온다. 법원에서 같이 일한 그 동료 판사는 여전히 도서관에서 책을 보고 있다. "형, 잘 지내시죠?"라고 웃는 낯으로 물으면 "응, 너도 별일 없지?"라고 하며 미소로 답해 온다. 영화 「트루먼 쇼」에서 주인공이 매일 보는 이웃과 나누는 똑같은 인사 같기는 하지만.